1日5分のお姫様ごっこ

幸川玲巳

はじめに――「お姫様ごっこ」って何？

この本を手に取っていただいてありがとうございます。

たぶん多くの方々は不思議な気持ちでこのページを開き、次のような疑問を抱いていらっしゃるのではないでしょうか？

「『お姫様ごっこ』っていったい何なのだろう？」
「お人形ごっこでもするのかなぁ？」
「わたしのようないい大人がやるものなのかしら？」

お答えします。

わたしが提案する「お姫様ごっこ」は、朝2分、夜3分行うロールプレイングによる、3か月間の自己開発プログラムです。

お姫様と執事の二役を同時に行います。「お姫様」のふりをすることで本当に自分が欲しいものを確認し、自分の内面を見直して、「真のお姫様」＝「本物の愛と豊かさを手にした恵まれた女性」になるのです。

ですから、年齢は10代、20代の方はもちろん、30代、40代、50代の方が行っていただいても結構です。60代、70代の方でも、女性であれば年齢に関係なく行っていただきたいと考えています。

このプログラムを行って誰よりまず、今、40代であるわたしが幸せになっています。

その後このプログラムをみなさまにおすすめして、実践した方々は実際、幸せになっていますし、実践中の方は、幸せにたどり着きつつあります。

このプログラムを行えば、あなたにも次から次へと幸運が舞いこんでくるのです！

わたしはスピリチュアルカウンセラーの幸川玲巳《ゆきかわれいみ》です。

このお仕事を始める前は、普通の主婦でしたが離婚をきっかけに、もって生まれた霊能力を生かし今のお仕事を始めました。

おかげさまで、福岡、宮崎、沖縄、山口、京都、東京など全国各地で活動させていただいておりまして、2006年に開業して以来、のべ3000名を超えるクライアントのカウンセリングをさせていただいております。

2008年に他界した神職だった父を筆頭に、家族全員、霊能力をもつという、少し、不思議な環境で育ちました。

とはいえ、父が、霊能力をもっているということを知ったのは十数年前のこと。それまでいろいろな職を転々としていた父が、神職になったことがきっかけでした。

そしてわたしは、父や母の前で、目に見えないものを見ている、感じていることを言うと、きつく叱られていました。

ですから、このお仕事を始める前は、霊感があるとか、そういうことを人さまの前で公表することは、一切ありませんでした。

ところが昨今、前世やオーラなどが普通に語られるようになり、どうやら、わたしの見えている世界を、受け入れてくれる人たちも多くいるようだということに気がつきました。

それまでのわたしは、かつての父親と同じように、いろいろな職を転々としていました。

ウエートレス、洋服屋さんの店員、イベントのコンパニオン、特急列車の乗務員、スナック勤め、英会話の講師、役所の臨時職員、専業主婦、小説家など、さまざまな職を経験しましたが、何をやっても、「これだ!!」「これをやるために生まれてきたんだ！」という使命感がわかなかったのです。

しかし、スピリチュアルカウンセラーという今のお仕事に就いてからは、「これこそが、わたしのお役目だ！」と実感しながら、ありがたくお仕事をさせていただいています。

わたしは、みなさまについていらっしゃる守護霊さまや、指導霊さまを通して、その方に必要なメッセージを受け取り、お伝えしています。

ただ、メッセージをお伝えするだけでは、その方は幸せになれません。まず、お伝えしたメッセージを理解していただき、ご自分の意識を変えていただかないと、人はけっして幸せにはなれません。

わたしのカウンセリングでは、どうしたら問題の原因となる古い考え方を改善できるのか、その方に合った具体的な方法を、さらに守護霊さまにお尋ねいたしまして、それを実践していただいています。

たとえば、恋愛について、守護霊さまから「言葉の力を使って、自分の価値を認めることから始めてください」というメッセージをいただいた場合は、自分の価値を認めていけるような「言葉づかい」＝「コトノハ」（肯定的な宣言＝アファメーション）をお伝えしたり、ふだんの言葉づかいを変えるように指導させていただいたりしています。

守護霊さまや天の思いは、共通です。

それは、わたしたちは幸せになるために生まれてきたということ。

では、どうしたら、幸せになれるのか。

それには、まず、自分を好きになり、自分の価値を認めていくことから始めることが大切だと天はしばしば伝えてきます。

自分の価値を認めることができない人、自分を愛せない人は、幸せになる権利を捨てているようなものです。そして、人を幸せにすることもできません。

「1日5分のお姫様ごっこ」は、天が、わたしを通じて伝えてきた、どんな人でも、簡単に、自分の価値を認め、自分を大切にする習慣をつくるためのすばらしい、現実的な方法なのです。

わたしが通訳させていただいている「天の言葉」というものは、すべて、現実をしっかりと生きるための知恵です。

非現実的なこと、本人に負担になったりマイナスになったりするようなことは、「天」はけっして言いません。

この世で起こる、すべての現象は、自分自身の思考習慣や行動習慣が招いた結果にすぎません。

思考や行動を幸せになるようなものに習慣づければ、誰でも幸せになれるのです。

一人でも多くの人に、自分を好きになるきっかけを見つけ、幸せになっていただきたいと思います。

1日5分のお姫様ごっこ　Contents

part 1 「お姫様ごっこ」が誕生したきっかけと、その魔法の力

part 2

「お姫様ごっこ」はこうして行う

part 3

一生お姫様でいればまわりも幸せになる

part 4

「お姫様ごっこ」の効果を高めましょう！

校正……株式会社ぷれす
編集……武田伊智朗（サンマーク出版）
佐藤理恵（サンマーク出版）

part 1

「お姫様ごっこ」が誕生したきっかけと、その魔法の力

「お姫様ごっこ」には、深ぁい意義と目的があるんです

わたしたちの心の中は小さなお城です。

そこには、何人もの執事と、美しいお姫様一人が住んでいます。

執事は「顕在意識」、お姫様は「潜在意識」です。

このお城では、執事が幅を利かせていて、好奇心旺盛で正直なお姫様を起こそうとしません。

このお姫様を起こすことで、お城が危険な目にあうのではないかという被害妄想をもった「執事」＝「顕在意識」が、必死でお城を今の形のまま守ろ

うとしているのです。なぜなら、いつも、何をしでかすかわからない「お姫様」＝「潜在意識」の声には耳を貸したくないからです。

お姫様ごっこを始める前に、一番最初にやることはこの臆病者で、過保護で、厳しい執事たちに「暇を与える」ことです。

これによって、今まで、主導権を握っていた「執事」＝「顕在意識」がなりをひそめ、「お姫様」＝「潜在意識」の声や、オーダーに従って行動できるようになります。

わたしたちが幸せになるには「潜在意識の声」に耳を傾け、その声を無視しないことが必要不可欠です。「潜在意識の声」は、魂の声とされています。魂の声に従うことで、自分が本当に望んでいる方向に、スムーズに進むことができます。

たとえば、わたしたちが望むこと、つまり、いろいろな願い事において、チャンスがきたとしても、常識的な顕在意識が幅を利かせたままだと「どうせ、まぐれですよ」とか、「そんな甘い話なんてありません。世の中は厳しいのです」と、わたしたちがそのチャンスを手にするのを邪魔したり、行動をけん制したりします。その結果、何も手に入らなかったり、夢に向かって進むことができなくなったりします。

「潜在意識」をお姫様だと意識し、素直に従うと決める。そうすると自分を認める、自分の思いや感情を大切にするということができるようになります。

「思いどおりの人生になりません」
「わたしは男運が悪くてパートナーにめぐり合えません」
「幸せって、言いますけど、何を望んだらいいのかさえわかりません」

というようなご相談を受けるたび、天からのメッセージで必ず言われることは「まず、自分の声を聞きなさい。そして、その声の言っていることを明確にしてください」ということです。

「自分の声」というものがわからないという人がいますがそれはわたしたちの「素直な感情」です。

「感情を無視しないでください」と伝えても、今まで、そういった習慣がない人は、なかなかそのやり方がわかりません。

言いたい放題のお姫様になりきることで、また自分を100パーセント受け入れてくれる従順な執事を演じることで、素直な感情を出し、それを受け入れることが簡単にできるようになります。

そして、自分の心の声に従うという習慣をつくることができるようになります。

つまり、自分にとって幸せな方向へいくための下地をつくることができるのです。

心の声に従って行動すれば、まず、自分が望んでいたものが明確になります。

「感情」に従ってそれを手に入れるための「行動」をするだけ。

そのうち、直感が働くようになります。

また、自分を否定するような厳しい執事に暇を与えることで、「ゆるす」ということが自然にできるようになります。すると、心が穏やかになっていきます。

自分のすべてを認め、ゆるすことができるようになると、人のことも同じようにゆるすことができるようになり、人間関係も円満になっていきます。

しかも、同じ波長のものは引きあうという「波長の法則」により、自分が自分のことを認めて愛していくと、自分のことを認めて愛してくれる人たちに囲まれるようになるのです。

また、本当の自分の望みを明確にできるようになるので、お金が欲しいと思えば素直にそれを表現できるようになり、そのための行動をとることもできるようになります。

1日、たった5分間、お姫様の声を聞き、お姫様になりきることで結果的に、愛と豊かさを簡単に手に入れることができるようになります。

そして、そのことによって「魂」がよりすばらしく成長していくことになって、幸せな人生を送ることができるのです。

「お姫様ごっこ」はこうして生まれた

わたしは、昔からの夢がありました。

それは、いつか、やさしくて、素敵なパートナーを見つけて、たっぷりあるお金で、優雅に、好きなことをしながら暮らすというもの……。

子供のころ、わたしの実家はけっして裕福ではありませんでした。父が商売に手を出しては失敗し、その挙句、小学校2年生だったわたしと3つ下の妹、当時妊婦だった母を残したまま、家を出てしまったのです。身重の母には職などなく、本当に、お金がなかったのでしょう。

その日に食べるお米もなくて、食事といえば小麦粉に砂糖を入れただけのお焼きが続いたこともあります。

やがて、母のおなかに入っていた弟が生まれたのをきっかけに、父が戻ってきたのですが、翌年、さらにもう一人、弟が生まれ4人の子供たちを抱えた家計は苦しくなるばかりでした。そして、情緒不安定なところがあった父は、しょっちゅう、母やわたし、妹にきつくあたり、ときには暴力をふるったりしていました。わたしは、そんな自分の家が大嫌いでした。

わたしは子供心に、家が楽しくないのはお父さんがやさしくないせいだ、お金がないせいだと信じていました。

そんなつらい現実から逃避するかのように、わたしは、やさしい王子様に大事にされながら裕福に暮らすという、アニメや童話でしか見たことのない「幸せなお姫様の世界」を想像しては、お人形を使ったり、自分がなりきって、いやがる妹をつかまえたりして「お姫様ごっこ」や「お金持ちのお嬢様ごっこ」をしていたのです。

その想像の世界では、わたしは、いつもやさしくて素敵な王子様に大切にされ、愛の言葉を聞きながら、幸せな気持ちでいることができました。

レースのいっぱいついたかわいいドレスを着て、おいしいごちそうやケーキを好きなときに食べることができ、王子様と一緒にわくわくしながら、世界一周旅行にも出かけました。

お姫様のような生活を想像しているときだけが唯一、幸せな気持ちになれる時間だったのです。

でも、成長するにつれ、「お姫様になんか絶対なれっこない」という現実を知るようになりました。

初めてつきあった男の子は、地元の私立大学生でした。いつもお金がなく、デート代はすべてわたしもち。

しかも、他の女の子と二股をかけていたことが判明し、やさしい王子様どころかとんでもない浮気モノでした。

そのころも実家の父は相変わらずで、職を転々としたうえに、わたし名義で何百万円もの借金をつくる始末。

世の中はバブル景気まっただ中で、同世代の女の子はブランド物のバッグや宝石などをじゃらじゃらさせアッシーだのメッシーだのと男性をとっかえひっかえし、まるでお姫様のような生活をしているという感じでした。

それなのにわたしはというと、早朝から深夜まで仕事を掛け持ちし、父の借金を返すために働きずくめでした。

その後に出会った男の人たちも、わたしを大事にしてくれるどころか、なぜか結果的にわたしが貢いだり尽くしたりする側に回り、どうにもならなくなって、今までやってあげてきたことを断ると、責められたり、なじられたりして終わる……。

そんな悲惨な結末が多く、「……これが、わたしの運命なんだ」とあきらめるようになりました。

でも、あるとき、さんざん悪事の限りを尽くした父が、何を思ったか神職に転職しました。

そして、わたしは父の神社の信者さんに紹介された男性とお見合いをし、31歳で最初の結婚をすることとなりました。

しかし、お互いが歩み寄れないほどの価値観の違いを埋めることができず、結果的に36歳で別居。

2年後に離婚が成立し、そのあとすぐに出会った人と39歳で再婚しました。「2度目は絶対に失敗しない」という決意のもと、幸せな家庭を築くつもりでした。

離婚した年に、わたしは勤めていた占いの会社から独立し、フリーで今のお仕事を始めていました。ですから、自分が今まで幸せではなかったのは、自分の思考がそういったことを引き寄せたのだということを、だいぶ理解できるようになっていたのです。

人さまに、霊視相談を通じて、幸せになる方法をお伝えしたり自分でもいろいろな勉強をしたりしていたので「自分は、もう、大丈夫！」だと思っていました。

でも、現実は、ちっとも「大丈夫」ではありませんでした。

わたしと夫はいつも、いろいろなことで口論が絶えなかったのです。

今度こそ幸せになりたくて再婚したのに、毎日のようにケンカをするという現実。

1度目も、2度目も、幸せになるために結婚したはずなのに、なぜこんなことになってしまうのか？　自分でもよくわかりませんでした。

あまりにもケンカが続くので、もう、何も言わずに、何をされても、何を言われても、夫のことは、ただ、見守ろうと思うことにしました。

幸せは努力しないと手に入らないのだから、苦しい思いを乗り越えないと、幸せはやってこないのだと思っていました。

前の結婚では、わたしのほうが、相手のことを忍耐強く見守ったり、受け入れようとしたりする努力が足りない面が多くあったように感じていました。

ですから、

「前のときは、努力が足りなかったから、今度こそ、見守らなくてはいけないのだ」

と思って、言いたいことがあっても、黙ることにしました。

そうすると、当然、ケンカは激減しました。

そしてわたしは、ようやく平和な日々が戻ってきたような気がしていました。

ところが、ある出張鑑定の最終日、明日の朝は地元に戻るというときでした。

わたしは荷造りをしながら、何ともいえないむなしさと拒否感を覚えたのです。

「家に帰りたくない」という、子供のころにしょっちゅう感じていたあの感覚が、再び襲ってきたのです。

そのときは何とか気持ちを立て直し家に戻りました。

しかしそれからというもの、たびたび、同じような気持ちになることが増えてきたのです。

2週間の出張から戻ってきたある日のことでした。

それは毎回のことだったのですが、その日はとくにひどくて、家の中は散らかり放題散らかっていました。

お皿は汚れ、部屋は長い間換気されていないまま。観葉植物は枯れかかっていて、洗面所に行くと洗濯物が山のようにたまっていました。

夫は家事を手伝ってくれるような人ではありませんでしたし、わたし自身も、「家事は、女のわたしがするものだ」と、当たり前のように思っていました。

でも、このときばかりは、本当に何もかもイヤになり、とにかく何もしたくないという無気力状態が3日ほど続きました。

「ああ、何でもやってくれるお手伝いさんとか召使いがいたらなぁ」

わたしは、ぼんやり、そんなことを思いました。

それをきっかけに、

「わたしの身の回りの世話もしてくれる執事がいたらいいのに」

「早く、そんな人を雇えるくらい稼ぎたいなぁ」

「わたしがお金持ちだったらいいのになぁ」

という連想がゲームのように始まり、いつの間にかわたしは、子供のときと同じように「お姫様」になった自分を想像していました。

といっても、目の前には、2週間以上も掃除していないぐちゃぐちゃの部屋や、洗濯物や汚れたお皿の山があるのです。

自分で動かないかぎり、この状況はまったく変わりません。
重い腰を上げて家事に取りかかりはじめたのですが、何ともテンションが上がりません。

汚れた床をふきながら、思わず「まるで、お姫様になる前のシンデレラみたい」と、心の中で嘆いていました。

「でも、シンデレラはこうやって床をふきながら、『わたしもお城に行きたい。素敵なドレスを着て王子様と踊りたい』って願ってたんだよなぁ」……
これで、とうとう、わたしにスイッチが入ってしまいました。

「わたしは、お姫様。でも、事情があって今、こうして、掃除をしています。
いつかお城で王子様と一緒に、素敵な生活をします」

そう、子供のときと同じように、つらいことを忘れたいがゆえにシンデレラや白雪姫になりきるスイッチが入ってしまったのです。

そこからは、妄想の嵐が止まりませんでした。

一通りの家事が終わりました。わたしの頭の中で、床をふいていたお姫様はいつの間にか、優雅に、素敵な空間でお茶を飲んでいます。

そして、やさしそうな執事が何でも、「お姫様」＝「わたし」の言うことを聞いてくれています。

ここで、はっと我に返ったわたしは、

「いい年こいて、何やってんだ……」と思いました。

それと同時に、うっとりするような快感を久しぶりに思い出している自分がいました。

そして、いい考えがひらめいたのです。

「妄想」をリアルに続けると、そのとおりになるということをわたしは、すでに、マーフィーの法則に関する本や、自己啓発のセミナーなどから勉強していました。

しかも「妄想」は、うっとりしたりわくわくしたり、あたかもその場面がかなったときのような感情がわけばわくほどかなう可能性が高まる、ということを知識として、そして、ネガティブな妄想をするとそれが現実になるということを経験から知っていたのです。

そこで、

「もしもわたしが本気でお姫様のような生活を望んでいるのなら、このお姫様ごっこを続けていけば、きっとそれがかなうのではないか⁉」

と、その瞬間から、お姫様になりきって執事をそばに置く、想像上の生活を始めたのです。

それからは、夕食を作るときはお手伝いさん役、食べるときはお姫様役、お風呂に入るときや眠る前も、お姫様のお世話をしたりお姫様になりきったりして過ごしました。

朝起きた瞬間から、気分はお姫様です。

執事がこう声をかけるのです。

「お姫様、おはようございます。今日もお顔の色がよろしいようですね。ほっぺたなど、薔薇《ばら》色で、大変美しゅうございます」と。

お姫様になりきったわたしは、「ありがとう、執事。今朝の飲み物は何？」と聞きながらごそごそ起き出して、お姫様になった気分で何を飲むかを選び、執事のつもりでお茶を用意します。

そして次はお姫様になった気分で、

「大変おいしいです。このお茶はアールグレイね」

などとやっている。

しかし、夫が目を覚ますと、楽しいお姫様ごっこは一時中断……。

そんなふうに、毎日、同じことを繰り返しました。

そして1週間ほどたったころだったでしょうか。

不思議なことが起こりはじめました。

周囲の人から、男女問わずやたら「きれいですね」とか「美人ですね」とか言われるようになったのです。

急にやせたとかそういうことではなく、いつもどおりに化粧をして、いつもどおりの服を着ているのにです。

このときはまさか、それがお姫様ごっこの「魔法の始まり」だということにまったく気がつきませんでした。

なぜなら、相変わらず、わたしの結婚生活自体は、「夢見るお姫様生活」とは程遠かったからです。

夫はブラックジョークが大好きだったのですが、あるときかなりきついことを言われ、わたしは泣いてしまいました。

泣いているわたしを見て夫はというと、「笑いがわからんやつだ」と言って笑うだけで、真剣に相手をしてくれません。

わたしは、以前だったらあまり深く考えないようにしていた「いったい、わたしが理想としている生活とこの現実とのギャップは、なぜ起きてしまったのか」ということについて、徐々にですが、考えるようになっていました。

そして、ついに、気づいてしまったのです。

今のわたしは、夫との生活を、あまり心地よく思っていないということを。

しかも、そのくせ、それを変えたいと強く願ってはいなかった、ということを。

でも、だからといって、離婚したいとは、そのときは思いませんでした。

前にも失敗したのだから、今度こそ、途中で逃げ出してはいけないと思っていたのです。

ただ、夫と理想の生活を続けていくには、彼にやさしく穏やかな人になってもらわなければならないという難問がありました。

いつのときでも、相手を変えようとすることは不可能です。

しかし、このときのわたしは、本気で、夫に、やさしく穏やかでわたしのことをちゃんと認めて、ほめてくれる、わたしが小さいころから思い描いていた「理想の人」になってほしかったのです。

夫は、わたしの父によく似ていました。

父も毒舌、よくいえば刺激的な発言が多く、家族を、とくに母を、毒舌で、からかうのが好きな人でした。

わたしは、父のそういうところが苦手でした。しかし、その苦手なところが似ていた夫に、妙な親近感を覚えていたのも事実でした。そして、夫が毒舌を吐いても、それにNOと言うことができなかったのです。

でも、もう、こんなことはイヤだと強く思うようになりました。

そもそも、自分を攻撃するような人を引き寄せたのは、わたしが自分を責めたり、自分の価値を認めていなかったりしたからです。

そういうとき、人は、自分がしていることと同じことをする人を引き寄せてしまうものなのです。つまり、自分で自分を攻撃していれば、同じように自分を攻撃してくる人と出会ってしまうということです。

反対に、自分で自分のことを大切にするようになれば、同じように自分のことを大切にしてくれる人と出会いますし、自分の価値を認めていれば、仮に、誰かに攻撃的なことを言われたり、意地悪をされたりしても、何とも思わなくなるのです。

でも、そのときのわたしは、そこまでは考えていませんでした。

ただ、これ以上、パートナーとの関係でつらい思いをするのはイヤだという気持ちしかありませんでした。

そこで、お姫様ごっこの中で、「王子様」を登場させようと思いました。

お姫様を、いつでもやさしく、穏やかに包みこんでくれて、お姫様の仕事ぶりをほめてくれたり、傷ついたときにはハグしてくれたりする、わたしの理想の王子様を。

ただし、夫のビジュアルでそれをやると、どうにも現実世界に引き戻されてしまいます。なので、顔は思い浮かべず、ただ大きな胸板にやさしくハグされているところや、ほめてもらってうれしい気分になっているところだけをお姫様ごっこのシーンに取り入れました。

なぜ王子様を登場させたかというと、パートナーにしてほしいことを感情とともに思い描くと本当にそうなるのではないかと、『宇宙に上手にお願いする法』（ピエール・フランク著／サンマーク出版）という本を読んで考えていたのです。

それなら、理想の結婚生活を引き寄せることにチャレンジしてみようと思いました。

わたしは、大人になってからは、そんなふうに、パートナーに関して夢を抱いたことが一度もなかったのです。

いつも、相手から言い寄られて、頼られて、なんだか放っておけなくて、いつの間にか恋人になっていた、というパターンが多かったのです。

ですから、自分でしっかりと理想のシーンを思い描いたり、イメージをしたりする暇もなかったのでした。

でも、小さいころから毎日のように思い描いていた理想の男性の姿を思い出すまでに、そんなに時間はかかりませんでした。

お姫様ごっこを始めてから2か月もたったころでしょうか。

相変わらず、夫の態度は変わりませんでした。

でも、わたしはもう、そんなことは気にならなくなっていました。

実は、わたしのことをまるでお姫様のように大切に扱ってくれる独身の男性が、わたしの前に現れたのです。

最初はわたしも戸惑いましたし、夫がいるのに他の男性に大事にされているという現実に、やはり罪の意識を感じていました。

でも、その人はわたしとの結婚を望むようになり、わたしも同じことを願うようになるまでに、たいした時間はかかりませんでした。

わたしから夫に離婚を切り出したのは、お姫様ごっこを始めるようになってから3か月目のことでした。

もちろん、わたしが原因での離婚、しかも好きな人ができたという理由なので、最初はいろいろともめました。

夫からは慰謝料を請求されましたが、不思議なことにちゃんとお金の算段がつき、夫とはきれいに別れることができました。

最終的に、まったく意図していなかった2度目の離婚という結果になってしまったものの、わたしは全然、後悔していません。

なぜなら、今のわたしは、彼にまるでお姫様のように大切に扱われているからです。

今のパートナーは、わたしの仕事ぶりをほめ、つらいことがあるときはハグをしてくれます。

彼も自分の仕事も一生懸命頑張っていますし、わたしが彼を励まし、癒そうとすると、必ず笑顔でお礼を言ってくれます。彼は本当に、わたしがイメージしていた王子様そのものです。

お互いを大切に愛し、愛されるという幸福感は、今までに感じたことのない――正確に言うと、想像の中でしか感じたことのないものでした。

しかし実際に体験してみると、想像以上にすばらしいものでした。

これは、偶然でしょうか?

いいえ、偶然などではありません。

この大きな変化は「お姫様ごっこの魔法の力」のおかげに、ほかならないと自信をもって言えます。

なぜなら、お姫様ごっこをしていなかったときは「自分が理想の結婚をしてもいいのだ!」ということさえ気がつきもしませんでしたし、当然、離婚をするなんて思ってもいませんでした。

ですが、お姫様ごっこを始めてからというもの、わたしは自分の正直な気持ちや願いに気がつき、「もっと幸せになっていいんだ。もっと愛されていいんだ」と、自分に許可できるようになったのです。

素敵なパートナーを引き寄せたあとも、わたしは、この「魔法のお姫様ごっこ」を続けています。

なぜなら、これを続ければ続けるほど、新しい発見があり、新しい体験ができるからです。

お仕事のほうも、おかげさまで、順調です。経済的にも徐々に豊かになりつつあります。夢も、いっぱいかないそうな予感がしています。

あなたも、ぜひ、このお姫様ごっこの魔法の力を使ってみてください。
その魔法のような効果と即効性に、喜びの悲鳴を上げることになると思いますよ。

喜びの声が続々と！
「お姫様ごっこ」の「幸せ効果」

わたし自身がお姫様ごっこを始めて、その効果が出ました。それをきっかけに、いろいろな人に、お姫様ごっこの効果についてお話をさせていただきました。

とくに、ご相談に来られたクライアントで、守護霊さまから「自分を大切にしなさい」と言われた方や、まだパートナーに出会っていないという方、「引き寄せの法則」や、「新月のお願い」などを行っているにもかかわらずちっとも願い事がかなわないので「願い事なんてやっぱりかなわないじゃない！」と、少しやけっぱちになりかけている方にお姫様ごっこのお話をし、実践していただくよう強くおすすめしました。

すると、素直に実践した方々から、次々と喜びの声が届くようになったのです!!

これには、わたし自身も正直、びっくりいたしました。

お姫様ごっこは、偶然、始めたものです。しかし、みなさまからの喜びの声をいただいたことにより、これは天がみなさまを幸せにするために伝えてきた方法なのだと感じましたし、その「幸せ効果」を疑う余地などなくなりました。

実例として、Yさんのお話をご紹介します。

Yさんは、わたしが、このお仕事を始めたときからのお客さまです。

この4年の間に、天職と呼べるような内容の職に就くことができ、お仕事の面では順調でした。しかし40代後半の今まで、一度も恋愛らしきことをしたことがないということでした。

最初、Yさんにお姫様ごっこのお話をさせていただいたとき、「絶対にできません！」と頑《かたく》なに拒否なさいました。

Yさんは、ご自分の容姿に対して過度なコンプレックスをもっていました。

そのため、「醜い自分をお姫様扱いするなんて無理です」とおっしゃるのです。

それで、

「自分をお姫様だとどうしても思えない場合は、心の中にイメージしやすいお姫様像をつくっていただき、心の中に住んでいるその人のためにおいしいお茶を入れたり、かわいいものを買ってきたりしてください」

とアドバイスしたところ、『キャンディ・キャンディ』の主人公のキャンディだったらどうにかイメージできるのですが」と、おっしゃいました。

「キャンディでも赤毛のアンでも何でも、自分が素敵だと思うヒロインが心の中に住んでいるとイメージして、その人のためにやってみてください」と申し上げたところ、

「だったら、ちょっとだけ、やってみようかな……」

と、相変わらず、あまり気乗りしない感じで、その日の鑑定を終えてお帰りになりました。

しかし、それから2週間ほどたったころ、Yさんからお電話がかかってきました。

なんと、20年ぶりに、お見合い話が舞いこんできたというのです。

そのお相手は、Yさんよりも7つも年下の、写真を見るかぎりではYさん好みのイケメンさんとのこと。

しかも、お相手のほうは、Yさんの年齢も確認し、お写真も見たうえで、ぜひYさんと会ってみたいと言ってきているそうで、どうしたらいいのかというご相談でした。

「どうしたもこうしたも、こういうお話はぜひ乗ってくださぃ。会うだけ会ってみればいいじゃないですか！」

と、わたしは言いました。すると、「そうですね。大丈夫ですよね」とYさんがおっしゃったので、

「その方と会う日まで、とにかくそのままお姫様ごっこを続けてみてください。そして、王子様を登場させて、彼に言われたいセリフをイメージして、毎日うっとりしてみてください」

とアドバイスをいたしました。

それから間もなくYさんから、「お見合いの彼と、結婚を前提でつきあう

ことになりました！」とのご報告をいただきました。

「玲巳さんには悪いけど、最初は、お姫様ごっこなんて半信半疑というか、バカみたいと思ってたんです。

でも、やっていくうちに、自分でも穏やかな気持ちになれました。

そして、今の彼が現れたことにも驚きましたが、一番びっくりしたのは、お姫様ごっこの中の王子様とまったく同じセリフを、彼が、わたしに言うことでした。

こんな年のわたしに向かって、彼は『肌がきれいで、本当にYちゃんはかわいいね』って、言ってくれるんです。

わたしの中のお姫様ごっこのヒロイン・キャンディに向かって王子様が言うように、やさしい口調でその言葉を言われたとき、うれしすぎて鳥肌が立ちました」

と大興奮しながら、お話ししてくださるYさん。

わたしも、同じく大興奮しながら、「よかったですね〜！　わたしの10歳年下のダーリンも、四十路《よそじ》のわたしに向かってお姫様ごっこの王子様と同じく、甘ぁい、素敵なセリフをしゃべるんですよ」と、ちゃっかりのろけ返しをしたのは言うまでもありません（笑い）。

そうなのです！

お姫様ごっこのすごいところは、頭の中で想像した世界がそっくりそのまま、現実化することです。

とくに言葉に関しては、執事や王子様がお姫様に向けた言葉の数々を周囲の人が同じように言ってくれるようになります。

なぜ、そのような現象が起きるのか、そのメカニズムについては、前にふれた「波長の法則」で説明できます。

とにかく、お姫様ごっこ侮るなかれ、バカにするなかれ、なのです。

Yさんだけではありません。もう一人、お姫様ごっこを始めてからとっても幸せな変化を迎えることができたというSさんは、30代の専業主婦の方です。

Sさんのご主人は、中小企業の部長さんですが、もしかすると、ご主人がリストラにあうかもしれない、と不安になってお電話での鑑定をお申し込みになったのです。

霊視をさせていただくと、Sさんは、ご主人がお仕事から戻ってきても笑顔で迎えるどころか、

「ねぇ、不況だけど、あなたの会社は大丈夫なの？」

などと暗い話題を振ってみたり、

「今月も家計が苦しいの。パートに出たほうがいいかしら？　でも、わたしは何の技術も特技もないし……」

と、疲れて帰ってきたご主人に、相談というより、愚痴を言っているのがわかりました。

そのことをお伝えすると、Ｓさんは、

「そうなんです。不安でしかたがないので、つい主人にそういう話をするようになっていました」

と、素直に認めておられました。

そのせいかご主人は最近、口数が減り、先に寝てしまうか、自分の部屋に閉じこもり、Sさんとの会話を避けることが多くなったそうです。

ところが、ある日のこと、そのご主人が珍しく自分から話しかけてきたそうです。それで何を言うのかと思ったら、なんと「夏のボーナスが、ほとんど出ないということが決まった」と報告してきたそうです。

「このままでは会社も危ないし、自分もどうなるかわからない。よかったら、パートでも何でもいいので、仕事を見つけてくれないか」

とご主人に言われたSさんは、パニックになってご相談に来られたのでした。

「パートに出るといっても、わたしはパソコンもろくに扱えませんし、人見知りもします。子供もまだ小さいですし、今から就職先なんて見つかるのでしょうか？」

と不安そうにお尋ねになるSさん。それに対しての守護霊さまからのメッセージは、

「今の段階では、パートのことは考えなくてよい。とにかく、明るい言葉をご主人にかけること」

「自分の不安を人にぶつけるのではなく、自分自身で不安を取り除く努力を

すること」

でした。

守護霊さまのお言葉をお伝えすると、

「え～！　パートに出なくていいんですか？」

Sさんは驚いていましたが、わたしは次のように提案させていただきました。

「今のまま、Sさんがお仕事を探したところであれもできない、これもダメと、自信を失い、ストレスを抱えるだけです。

今はまだご主人のリストラが決まったわけではないので、とにかく、まずは自分に自信をもてるよう意識を変えることが必要です。

ご主人に、明るい、元気が出るような言葉をかけることができないのは、Sさんご自身が自分に自信がなく、不安を人一倍感じやすいからです。

自分に自信がない人は、なかなか、不安を取り除くことができるようにはならないものです。

パートを探す前に、とりあえずお姫様ごっこで、自分を大切にすることから試してみませんか？」

そしてわたしは続いてその方法をお伝えしました。

Sさんはとても素直にアドバイスを受け入れてくださいまして、さっそくやってみますとおっしゃって、お電話でのお話を終えたのでした。

それから1か月後。

Sさんの住む県へ出張した際、Sさんが対面鑑定のご予約を入れてくださり、わざわざお菓子を持っていらっしゃいました。

そして、開口一番。

「玲巳さん、今日は、前向きなご報告とご相談があるのですが……」

と、おっしゃるのです。

「お姫様ごっこをしていると、わたしが今まで不安だったのは自分で自分の気持ちを、よくわかっていなかったせいだと感じたんです。

自分が、こうしたいとか、こうしたくないとか、わからないで、我慢したり、うやむやにしたりしていたせいで人に頼らないと、生きていけないような心細さがあったのだと思います。

わたしのお姫様は、なぜだか、やたら、お洋服に対しての注文がうるさいんです。

お姫様のために、あれこれお洋服を選んでいると、なんだか楽しくなってくると同時に、ある記憶にたどり着いたんです。

うちの両親は2人とも中学の教師で、しつけがとても厳しかったので、あれはダメこれはダメと制限されることが多かったんです。

とくに外見に関しては、髪型も服装もきちんとしたものでないと叱られてしまい、派手な色合いのものやかわいいものなどは、すべてNGが出ていました。

それでも、こっそりファッション雑誌などを読みあさり、自分なりにおしゃれを楽しもうとしていたところがあったと思います。

両親の強いすすめで短大に進学して、幼稚園の先生の資格をとったもののすぐに結婚したので、気がついていませんでしたが、わたしは本当は洋服が大好きで、そういう仕事に就きたいと思っていたのです。

お姫様のための一着を選ぶときが本当に至福なので、ふと「洋服屋さんで働いてみようかなぁ」と思いつきました。

そしたら、ちょうど行きつけのお店でパート募集があったのです。

応募してみたら、なんと採用されました！

大好きなお洋服に囲まれて、先週から楽しく仕事をしています。

子供のことも心配だったのですが、主人の母が、最近、面倒を見てくれることになって、その問題も解決しました。

しかも主人が、このところわたしが楽しそうにしているので、自分から話しかけてくるようになりました。

どうやら主人の仕事もうまくいきそうで、安心していいとのことです。

数か月前に玲巳さんに相談したときとはまったく状況が違って、本当に、安心しています。しかも、自分のやりがいが見つかったのでうれしいです！」

と、おっしゃって、にこにこされていました。

「よかったですねぇ。そこまでよい方向に変わったなら、もう守護霊さまにお尋ねすることなどないのではないのですか？」

と、わたしが言うと、

「いえいえ!! 実は主人が、家を買おうって言い出して……。それまで主人はそんなこと一言も言ったことがありませんでした。マンションとかではなく、自分たちの家をもつこともわたしのひそかな願いでした。お姫様ごっこの中でも自分の好きなインテリアに囲まれたお姫様の生活を想像していたので、本当にびっくりしています。来年、家を建てても大丈夫でしょうか？」

と、おっしゃいます。そこで守護霊さまにお尋ねすると、「もちろん大丈夫です」とのお返事でした。

そのようにお伝えすると、Sさんは大喜びでした。

守護霊さまは基本的に一人ひとりの幸せを願っているので、幸せな計画にNGを出すことはほとんどありません。

それに、Sさんはお姫様ごっこを始めて自分の意識を変え、自分の力で幸せを引き寄せたのです。

「Sさん、よかったですね。これからもお姫様ごっこ続けてくださいね」と、お伝えすると、「他のお友達にも、お姫様ごっこをするように宣伝してます！」とのお返事をいただき、わたしも、とってもうれしくなりました。

お姫様ごっこのすごいところは、「必死に努力」しなくても、楽しくごっこ遊びをするだけで、簡単に、願い事がどんどんかなってしまうことです。

ぜひ、たくさんのみなさまに、その効果を実感していただきたいなぁと思います。

part 2

「お姫様ごっこ」は
こうして行う

「お姫様ごっこ」の魔法の力を最大限に引き出すための3か月間

お姫様ごっこは3か月間、続けると、確実に効果が出る魔法のワークです。お姫様ごっこの内容は大まかに以下のとおりです。

1か月目は、長年、見過ごしてきたインナーチャイルド（現在の自分に影響を与える子供のころの記憶や感情）の存在を認め、欲求を満たすことを目的に、お姫様ごっこを始めます。インナーチャイルドの存在を認め、その声にこたえていくことで、精神的に安定してきます。

2か月目は、少し成長したお姫様を設定し、これまでどおり執事と、さらに「王子様」を登場させ、これも一人二役で自分が望んでいる愛の言葉をささやいてもらい、それにこたえる練習をします。

この時期のお姫様ごっこは、自分の中に眠っていた女性性を呼び覚ますことにより、理想の愛や、パートナーを引き寄せるために一番重要なプロセスです。

ただし、1か月目のプロセスをきちんと経ていないと、愛され慣れていないお姫様は理想の王子様からの愛の言葉をシャットアウトしてしまったり、逆に、王子様に依存してしまったりするようになってしまいます。

すると、現実の世界でも、相変わらず、男性の愛の表現を素直に受け取れなかったり、依存関係に陥ったりしてしまうこととなりますので、絶対に、1か月目の「執事がお姫様のケアを徹底的にやる」という作業は飛び越えないようにしてください。

お姫様ごっこを続けていくと、3か月目以降、自分で自分をケアすることを覚え、精神的にも安定してきて、やがて素敵な男性に愛される自信もわいてきます。

そうなってくると、自分が本来もっている「善き部分」つまり、「真・善・美」の部分を意識せずとも、表現できるようになってきます。その波動に見合った素敵なご縁や幸運を引き寄せるという、うれしすぎる奇跡が頻繁に起こりはじめるのです。

3か月後、あなたにも、素敵な王子様との夢のような生活が待っているかも?

とにかく、実践あるのみです♪

お姫様ごっこ1か月目

自分を大切にすることを学びます

朝目覚めた瞬間から身支度をするまでの間、朝2分間、執事とお姫様の一人二役で、ロールプレイングをしていきます。

さらに、夜、おやすみ前の3分間、再び一人二役でロールプレイングをします。

この習慣を身につけるだけで、心の声に気がつき、明確な行動をとることができるようになり、「お姫様」＝「潜在意識」＝「インナーチャイルド」の存在を認め、その声を満たしていくということが、簡単にできるようになります。

1か月目のロールプレイングがお姫様ごっこの基本です。

一番、重要な作業なので、しっかり、やってみてください。

◆「お姫様ごっこ1か月目」の方法とポイント◆

①まず、執事の選択をしましょう。

厳しい執事、ダメ出しをする執事、否定的な執事には、すべて「暇を与えて」お城から追い出してください。

従順で、100パーセントお姫様を尊敬し、認めてくれる執事だけを側近にします。

②お姫様の容姿と名前を決めましょう。

自分のイメージしやすいアニメキャラクターのヒロインや芸能人などでもかまいません。

最初のうちは自分のことをお姫様とは思えないこともありますので、自分以外の容姿をイメージしたり、自分以外の名前をつけたりすることをおすすめします。

もちろん、まったく抵抗のない人は、自分の容姿でイメージし、自分の名前で呼んでも大丈夫です。ちなみに、わたしの中のお姫様は、ディズニー映画の人魚姫「アリエル」そっくりの顔で、名前については、まったく抵抗がなかったので本名で行いました。

③朝の質問をしましょう。
朝目覚めたら従順な執事になりきって、お姫様に質問をします。

「○○姫様、おはようございます。ご機嫌いかがでしょうか」と声をかけご機嫌をうかがう。

そのときの気持ちをお姫様になった気分で正直に執事に伝えます。

○○姫「いい気分です」
執事「それは何よりです。姫様は、今日も、お美しい」

「今日もお顔の色がよろしいですね」

など、まず、お姫様をほめる言葉をかける。

これは朝、まず一番にほめ言葉を自分に与える行為にあたります。

忙しい朝はこれだけで大丈夫です。


苦しい、頭が痛い、仕事をしたくない……などの声が聞こえてきたら、従順な執事の役割を忘れないよう、理由を聞いたり、「姫様、大変、お疲れなのですね、ご公務はキャンセルいたしましょうか?」など、一生懸命にいたわり、声をかけたりする。

どうしても体調が悪くて寝こむときは、「ゆっくりおやすみください」と声をかける。

頑張って仕事に行くと決めたときは、「○○姫様、どうかご無理なさらないように」といたわる。

気持ちに余裕があれば、朝の支度をしながら、お姫様ごっこの続きをしてください。

執事「○○姫様、本日は何を召し上がりますか」

姫様「温かい紅茶を、ミルクたっぷりでお願いします」

執事「○○姫様、本日のご公務には何を着ていかれますか?」

姫様「この、薄桃色のワンピースにするわ」
執事「すばらしい!! 素敵です。姫様、よくお似合いです」
姫様「ありがとう」

肝心なことは、お姫様になったときは、セリフは思いついたまま、そのまの「感情」を表現するということです。

あなたはお姫様なのですから、どんなわがままを言っても大丈夫なのです。

そうやって、お姫様になりきり、素直に感情を表現することで、ふだん、自分の感情に耳を澄ますことなどなかったことに気がつけますし、お姫様の気持ちを聞き、執事になって、それをかなえていくということを続けると、自分を大切にしている感覚が、実感できるようになります。

朝一番の自分の感情をちゃんと聞く訓練を積むと、もっと、大きな決断をするときにでも、「心の声」＝「感情」に気づきやすくなります。

また、自分にとって小さな望みであっても、きちんとかなえてあげる習慣をつくることで、自分を信頼することができるようになってきます。自分を信じることができない人に人さまとの良好な関係を築くことなど不可能ですよね。

この、たった数分間の小さな習慣により、やがて、「大きな望みや夢をバカにしたりする自分」＝「厳しい執事」に囲まれて生活していたときとは違い、周囲にもきちんと自分の望みを表現できるようになります。

そして、一人では、かなえることのできなかったことも、すんなりかなえやすくなっていくという奇跡を生むのです。

朝2分のお姫様ごっこのポイントは、朝一番に、人のことではなく自分の気持ちを知り、自分を満たすことです。

優先すべきは常に、自分の魂の声に従うことなのだと習慣づけることです。

自分をほめて認めることが、すんなりできるようになるワークです。

④帰宅後に、約3分間お姫様をねぎらいましょう。

ねぎらい上手の執事とお姫様の二役で帰宅後や夜寝る前に、約3分間ロールプレイングを行います。

執事「姫様、本日はとてもお忙しかったですが、お疲れになりませんでしたでしょうか」

姫様「ええ、姫はとても疲れました。でも先ほど、ラベンダー入りのお風呂を用意していただきましたから、大丈夫です、ありがとう」

執事「姫様は、本当によく頑張られました。どうぞゆっくりとおやすみください ませ。おやすみ前に何か欲しいものはございませんか？」
姫様「ええ、カモミールのお茶を一杯用意していただけるかしら？」
執事「かしこまりました」
〈ハーブティーを入れる〉
執事「どうぞ姫様、熱いのでお気をつけておあがりください。お疲れさまでございました」
姫様「今日もありがとう、執事」
執事「どういたしまして、姫様。おやすみなさいませ、姫様」
姫様「おやすみなさい」
などのやりとりをしてから就寝します。
これは、1日の終わりに自分をねぎらうことで、自分へのダメ出しや反省ばかりしているストレスから解放される効果を狙ったワークです。

朝と晩2回、1日5分で、自分を認め、愛し、ゆるし、ねぎらうことができます。自分を大切にすることが苦手だった人にとっても、非常に効果的なワークなのです。

◆「お姫様ごっこ1か月目」で用意するもの◆

●執事ノート

自分の好きなデザインのノートを用意します。

このノートには、1日の終わり、もしくは思い出したときでいいので、「執事モード」で記録していきます。

お姫様のためにご用意したお茶の種類、お姫様のためにお選びしたお洋服、ご用意したお風呂の入浴剤など、できるだけ詳しくメモしていきます。

さらに、お姫様の朝のご様子、健康状態、ご公務終了後のご機嫌なども執事モードで書いていきます。

感情を入れて書く必要はありません。

お姫様の要求と、おこたえしたことだけを1か月間、記録していきます。

何のために「執事モード」でお姫様の望んだものを記録するかというと、「自分がどんなものが好きでどういうことが嫌なのか」を言語化するためです。

「姫様は○○がお好みのようだ」「姫様のご機嫌が悪いのは○○が原因のようです」という書き方でいいのでノートに自分の様子を書いていくと、自分が何を望み何が嫌なのかを明確に言語化できるようになり、どんどん自分の望みがかなうようになります。

夢は言語化できたものからかなうようになるのが願望達成の原理原則です。

執事ノートを記入するようになって、すぐに夢や願望がかなうこともあります。楽しみにしていてくださいね。

お姫様ごっこ2か月目

女性性のエネルギーを呼び起こします

インナーチャイルドも満たされはじめ、ようやく愛情を受け取ることに慣れてきたころ、理想のパートナーシップを引き寄せるためのロールプレイングを行います。


「わたし、結婚なんかしたくありません」

「独身のまま、キャリアを積むのは、いけないことなのですか？」

と思う方もいるかもしれません。

籍を入れようが入れまいが、異性とつきあおうがつきあうまいが、それを選択するのは一人ひとりの自由ですから、誰がどの生き方を選ぼうと、天は悲しんだり哀れに思ったりはしません。

ただし、両親以外の誰かを深く愛し、愛されるという体験は、女性性のエネルギーを強烈に拡大させます。

わたしたち人間は、男女問わず、男性性、女性性、両方のエネルギーをもっています。とくに、性別が女性で生まれてきた人は（生まれたときから精神的に女性の方も含めて）女性性のエネルギーの割合を強く発揮して生きたほうが、ラクに生きられるのです。

男性性のエネルギーは胸の右側に位置し、「好奇心」「向上心」「独立心」「責任感」「冒険心」「達成感」「社会性」「過程にこだわる」「築いてきたものに執着する」「属する」「共鳴する」などを表し、「与えること」を担当しているエネルギーです。

女性性のエネルギーは胸の左側に位置し、「受容」「容認」「慈悲」「慈愛」「生み出す」「育む」「ゆるす」「自分を大事にする」「直感で生きる」「変化を好む」「環境に適応する」などを表し、「受け取ること」を担当しているエネルギーです。

実は、現代女性の多くが、男性性のエネルギーに偏りすぎている、つまり「与える」エネルギーを使いすぎており、「受け取る」ということが極端に少ない状態にあるのではないかと思います。

わかりやすく言うと、いろんなシーンにおいて頑張りすぎてしまっているのですね。

わたしの鑑定を受けてくださる方は、当然、みなさま、何かしらの問題を抱えて、ご相談に来られるのですが、霊視をさせていただくと、ほぼ、女性のクライアント全員、男性性が強く、女性性の割合が少ないのが特徴です。

男性のクライアントも、本来、発揮されるべき男性性が思うように発揮されていません。

これは正しいとか間違っているとかではないのですが、男性性と女性性のバランスが悪い親に育てられると、どうしても子どもの男性性と女性性のバランスも偏ってしまいがちです。

特に親が無意識のうちに、いい親でいなければならない、理想の家庭を作らねばならないという責任感が強すぎる「男性性過多の価値観」を持って子どもに接してしまい、親が思う理想の家庭や理想の子ども像を押し付けてしまうと、どうしても子どものエネルギーも男性性に偏ってしまいます。

男性性も女性性も、本来はお互いのエネルギーが十分に発揮されてこそ善き形で表面化されるエネルギーです。ですから、自分を大事にする、つまり、女性性を高める効果がある「自分を満足させる生き方」を積極的に取り入れる時間が少ないと、男性性の過多からくるネガティブな状況をつくり出してしまうのです。

しかし、女性が自分の五感を満たすことよりも、会社や人のために頑張りすぎることで、女性性をうまく発揮できていないことがあります。また、男性も過剰に責任感や役割に対するプレッシャーを感じており、自分が社会に認めてもらえるか、社会で必要とされているのかがわからず、常に自信がない状態でいる人が増えています。男女ともに自分にとってベストなエネルギー状態ではないせいで、ストレスだらけの世の中になってしまっています。

これは、男女平等教育などの影響で、男も、女も、男性性のエネルギーを前に出すことを小さいころから、しつけられてきたせいもあると思います。

もちろん、男性性のもつ価値観も、現代社会においては大切です。

ちなみに男性は男性性のエネルギーを女性よりも多く持って生まれてきているので、いったん男性性過多の状態になってしまうとどうしても女性性寄りのエネルギーに戻すということが難しくなります。一方で、男性は社会性を大切にするために、他者に共鳴しやすいエネルギーを持っています。そのせいで、女性性を多く持っている女性のエネルギーに触れるとその影響を受けやすくなります。

「物質社会」＝「目に見えるもの」を重視する現代社会では、女性性を象徴する価値観を「感情的だ」とか「理論的でない」という理由で、嫌う風潮があるかと思うのですが、女性性のエネルギーが欠けてしまうと、いわゆる「人間らしい」生活ができなくなってしまうのです。

キレやすい人たちが急増し、残忍な犯罪が増えているのも、強すぎる向上心や、責任感により、自分に完璧を求めすぎたり、過去の経験、おもに失敗や絶望したことに焦点を合わせすぎるため希望がもてなくなり「自分はダメだ」「どうせ、また失敗する」というふうに悲観的になったりするからです。

経済不況を招いているのも同じ理由です。過去のデータや数字にこだわり、この数字が出たときは不況という状態だからという理由で、本当はそうではないかもしれないのに「不況」と断定し、大騒ぎしているだけの話なのです。

精神的に不安定な人、そのせいで人に迷惑をかけたりする人が増えているのは、男性性のバランスと女性性のバランスが崩れているために、それぞれのエネルギーの特性が、ネガティブな形で現れているのです。

これらの現象は、女性性エネルギーの価値観で、その状況を見直せば、すべて解決することばかりです。

まずは、女性性の割合を多くもつ女性が、女性性を取り戻し、心豊かに生きることが、男性性の価値観に偏りすぎた、今の世の中を変えるのに、一番、早い方法なのです。

あなたが女性性のエネルギーである「自分や誰かを愛し、自分や誰かの愛を受け止めること」を実践すれば、少しずつですがその輪は広がります。

まずは自分の周辺の人たちにそのエネルギーが伝わり始め、やがて誰の心にも自分を愛し、自分と同じように他者を愛する気持ちが育ち、「愛とゆるし」「お互いを容認しあえる穏やかな人間関係」が戻ってくるでしょう。

わたしたち女性は、天から、今の世の中に一番必要な「女性性のエネルギー」を生まれながらに、多く配分され、お役目を託された使者なのです。

お役目とは、地球のすべての人が、愛のエネルギーを取り戻すことです。

この大切なお役目を果たすためにも、自分を愛することを自分勝手だと決めつけないでください。自分を愛することができるようになったとき、はじめて人を心から愛することができるようになります。

自分を愛せるようになると、人を愛することや人から愛されることに抵抗がなくなり、心が満たされる感覚を得ることができるようになります。

「ラクに生きて」ください。そして、それは怠けることでも何でもなく、魂の性質そのものを生きること、使命を理解しまっとうすることにほかなりません。

また、既婚の方は、必ずしも今のパートナーに不満があるわけではないと思います。

ですが、本当の意味で愛を感じることができているか、愛されていて自分は幸せだなぁと心の底から思えているかどうかで、精神的・物質的な豊かさの質が変わってきます。

おそらく、多くの方が、夫婦関係において「空気のような存在」になってしまっているのではないかと思います。

本当の意味で「空気のような存在」なら、全然問題ありません。

わたしたち人間は、空気がなければ生きていけません。

そのことを自覚したうえでパートナーのことを、

「自分にとって必要不可欠な存在なのだ」

「この人といることで、わたしの人生が成り立っているのだなぁ。ありがたいなぁ」

というふうに認識し、相手に対しても言葉や態度で感謝の気持ちを表しているのなら何の問題もないと思います。

そういう方は、きっと、すでに豊かな生活を手にしていると思うのです。

問題は、「無関心」だから空気のように感じるし、ただ何となくパートナーがいるという状態に陥っていらっしゃる方です。

もし今のパートナーに対して「無関心」が続いているのなら、それはあなた自身が「自分に対しても無関心」な状態でいる可能性が高いです。自分は女性として大切に扱われるべき存在だと意識できていないせいで、パートナーとの関係も味気ないものに変わってきている可能性があります。

「そんなこと言われても、夫は私のことを女扱いしてないし、なんなら暴言も吐いてきます。自分でも若い頃と同じようにきれいだとか可愛い、色っぽいとも思わないし、当然夫にもときめきを求めているわけじゃないし、期待もしてません」

とおっしゃる方もいらっしゃるかと思いますが、それは本当にもったいない話です。

心の底から愛しあい、求めあう、この人がいてくれるから人生が楽しいし、ほっとする。

そういうことを毎日のように感じることができたら、なんだかわくわくしませんか？

パートナーシップにおいては、まず、女性のほうから気持ちを変えるとよいようです。

あなたと同じように、愛する人がいる人生を豊かに楽しみたいと心の中で感じている男性ならば、それによって彼自身が変わっていきます。


ただ、なかには「愛する」ということの意味がわからない男性もいます。

そういう人がパートナーだった場合、女性のほうから愛を求めても、何も関係性が変化しない場合もあります。


ですが、今のパートナーとの関係でよい関係性にならない場合でも、あなたが、「こんなふうに愛されたい」「こんなふうに愛したい」という思いが明確になったときには、必ず何かしらの変化が起こります。

あなたのほうから、彼のもとを離れたいと思うかもしれません。

彼のほうから、あなたのもとを離れていくかもしれません。

でも、安心してください。そういうときは、自分でも妙につじつまが合い、納得して穏やかに、ごく当たり前のようにその変化を受け入れることができます。

波長が変わると、違う波長同士の人間は、一緒にいられません。

でも、そのときには、真実の愛を体験したいという、同じ波長をもった相手と必ず出会います。

それは、あなたが、愛し愛される豊かな人生を送るために必要な変化なのです。

神様からのギフトなので、喜んで受け取ってください。

愛し、愛されない人生を選ぶよりも、誰かを必要とし、必要とされる。

それは、依存の関係ではありません。依存ではなく共存していくことを選び、お互いが成長していく過程を楽しむことで、わたしたちの人生はより豊かになります。

パートナーをもたないことを否定しているわけではありません。

ただ、わたしたちはみな未熟な魂ですから、男女の愛という基本的な愛を入り口にして、より大きな愛を学ぶことで成長できることは確かです。

わたしたち一人ひとりが本物の愛を体験し豊かになることは、人間として生まれたわたしたちの魂の課題です。

安心して、愛されること、愛することを、受け入れ、ゆるしましょう。

お姫様ごっこをしながら、愛し、愛されるエネルギーを思い描いてみてください。

誰かを愛し、愛されることこそ、自分が心から望んでいることであり、それはすばらしいことなのだと思い出すことができるはずです。

わたし自身も、愛し、愛されることが自分の一番の望みだと知り、それを明確に望んでから、すべてが変わりました。

みなさんも、同じような奇跡を間違いなく体験できるはずです。2か月目のお姫様ごっこは、さらに楽しみながら続けてみてくださいね。

◆「お姫様ごっこ2か月目」の方法とポイント◆

①執事、お姫様の、朝と晩のやりとりは続けます。
②お姫様のキャラクターや年齢などは、最初に設定したときと、変わってしまう場合もありますが、気にせずそのまま続けてください。
③ここで、「王子様」を登場させますが、恋人やご主人が、すでにいる人も、遠慮なく自分が望む愛の形を、お姫様ごっこの中でイメージしてください。
まだ、パートナーと出会っていない人は出会いのシーンなどは、できるだ

け削除してください。

漫画やアニメのようにドラマティックな出会いを夢見るのも、たしかに、気持ちのよいものなのですが、実は、何かを引き寄せるときには、その方法、つまり、出会い方、出会う場所などは制限しないほうがいいのです。

とくに、人とのご縁は、どんな形で出会おうとも、そのご縁を「恋人や夫婦の縁」に育てることができるかどうかが魂の成長につながります。

人とのご縁を、大切なものに育むことこそ、愛する人に出会う目的です。

仮に、あなたが思い描いた出会い方をしたとしても、妄想どおりのシチュエーションで出会ったから「運命の人！」などと決めつけてしまうと大変なことになります。

誰だって、妄想どおりの状況で異性に出会うと運命を感じるでしょうけど、そういう外側のものだけで相手を判断しては相手にも失礼ですし、幸せな関係を育むうえで大きな障害になりかねません。

愛するパートナーを引き寄せたいときは、そのパートナーとの関係においてどういうことを感じたいかや、お姫様のように大切にされているイメージをしっかりと意識することが大切なポイントとなります。その状況さえきっちりとイメージしておけば、あなたはあれこれ動かなくても、いつの間にか素敵な男性が、イメージしたとおりの幸せな状況を再現してくれます。ですから、2か月目のお姫様ごっこは、王子様がそばにいてお姫様に求愛したり、大事にされたりしているシーンをしっかり思い描いてロールプレイングをします。

◆「お姫様ごっこ2か月目」で用意するもの◆

●王子様に会うときに着ていく衣装

デートをするとき着るならこれ、というようなお洋服や靴、アクセサリーなどを選び、実際に身につけるようにしてください。

会社に着ていくときにコーディネートしやすいとか、手持ちの服に合わせやすいとかの理由ではなく、デート専用のお洋服やアクセサリーを買うようにしましょう。

●王子様専用のカップやタオルなどの日用品を用意する

執事にお茶を淹れてもらうとき、王子様の分も王子様専用のカップに淹れてもらい、楽しく一緒にお茶を飲むイメージをします。また、王子様専用のタオルやパジャマ、毛布などを揃えておいて、あなたのものと一緒に時々洗濯をすることなどを楽しんでみてください。

やがてあなたの部屋でそれを楽しく使ってくれる、素敵な男性が現実に現れます。

この行動こそが「未来の先取り行為」の役目を果たし、実際に、素敵な男性とデートするということを現実化させます。

●王子様と一緒に行きたい場所のパンフレット

王子様と一緒に行ってみたい外国や一流ホテルなどのパンフレットを集めます。

行ってみたいホテルには、一人でも一度そこに行って、お茶だけでも飲んでみます。

リアルにイメージすることで願いがかないやすくなります。

わたしは、大好きなホテルで王子様と過ごすイメージをしたり、実際に一人でお茶を飲みに行ったりしていたら、そのホテルで今のパートナーと素敵な時間を過ごすことが現実になりました。

●お姫様ダイアリー

かわいくてゴージャスなお姫様がもっているような素敵な日記帳を用意します。

そしてお姫様になりきって「王子様に言われたいこと」＝「理想のパートナーに言われたいこと」を書いてください。「王子様にされたい愛情表現」＝「理想のパートナーにしてもらいたい愛情表現」も思いつくまま自由に書いてみてください。

「こんなこと普通の男性に言われるわけがない」「こんなことしてもらえるわけがない」という決めつけは不要です。

また「王子様に抱きしめてもらう」「王子様に頭を撫でてもらう」などの

ボディータッチのシーンは、「お姫様ダイアリー」に書くだけでなく、イメージしながら自分の体を自分で抱きしめたり自分の頭を撫でたりすると、より早くそのイメージが現実化していきます！　加えて「王子様からプレゼントしてもらったもの」は、将来男性からプレゼントして欲しいものを書くのもいいですし、実際に自分で自分にプレゼントをしてもよいです。そのときには王子様から姫に贈る気持ちでセレクトし、きちんと包装したものを贈るなどのアクションも取り入れてみてください。そして「今日、王子様からこんな素敵なプレゼントをもらっちゃった。すごく嬉しい！　大事にする」という感じでお姫様ダイアリーに記入しましょう。

お姫様ダイアリーに書いたことは、本当に、次から次へと現実になります（著者実証ずみ）。

ですから、真剣に、現実になってほしいことだけを、正直に、書いてください。

お姫様ごっこ2か月目を行うことで、自分自身を「世界一男性に大切にされる女性」に変身させることができます。また、王子様をイメージするときは世界で一番かっこよく、あなたを心から大切にしてくれる男性に、あなた自身がなりきってみてください。常にあなたに愛の言葉や思いやり、最高の優しさをみせてくれる男性のように、あなた自身があなたを大切に扱う意識で行動するのです。そうすれば必ず現実の世界にも、あなたという素晴らしい女性に惚れこみ大切な宝物のように扱ってくれる素敵な男性が現れます。

お姫様ごっこ3か月目

女性性のエネルギーを豊かさの波動に変える

さて、お姫様ごっこの中だけでも、王子様に愛され、愛するという体験をすることで、あなたの女性性はかなり活性化してきたのではないかと思いますが、いかがでしたか？

以下のセルフチェック表に当てはまる箇所が5つ以上あるときはチェック項目が3つ以下に減るまで、お姫様ごっこ1か月目〜2か月目のステップを繰り返してください。

◆女性性のバランス危険度セルフチェック◆

□1　とくに悪いところはないはずなのに、何となく体の調子がすぐれない。

□2　「ありがとう」よりも「すみません」を使ってしまう。

□3　仕事や家事は、人に頼むより自分でやってしまったほうが早いと感じてしまう。

□4　生理不順、月経前症候群、子宮筋腫などの婦人科系の症状がある。

□5　今の環境を変えたいと思いつつも、現実は甘くないと考えてしまう。
□6　過去の失敗をいつまでも忘れられず、そのことを思い出すたびに自分を責める。
□7　ものをもらったり、何かしてもらったりしたら、すぐにお返しをしないと落ち着かない。
□8　多少、体がきつくても、無理して仕事や用事をこなさないと気がすまない。
□9　夢があっても、その過程を難しく考えてしまい、前に進めない。
□10　極端な「がに股」、または歩き方が偉そうに見えると指摘される。
□11　ピンクや赤などの明るい色を着ることに抵抗を感じる。
□12　男前、男っぽい性格だと言われると、なぜか、安心する。
□13　肩や背中がよく凝る。
□14　何かにつけ、自分を責めるし、反省する。

□15　結婚を考えないで異性と交際することに罪悪感を覚える。

□16　ゆるせないと思う出来事、ゆるせないと思う人（自分自身も含めて）がいる。

□17　暴力をふるう、借金癖があるなど、問題のある異性とつきあってしまう。

□18　セックスに対して、拒否感がある。

□19　甘えている女性、目立つ女性、男性にモテる女性を見ると、イライラする。

□20　頼りない、言い訳をする、優柔不断など、とくに、男性のイヤな部分に腹が立つ。

□21　好きな人を過保護に甘やかしたり、尽くしすぎたりしてしまうという自覚がある。

□22　異性に体の関係を求められないと、逆に不安になってしまう。

□23 人に何かを求められると、断りきれず、疲れたり、後悔したりしてしまう。
□24 結婚や出産に対して、漠然とした恐れを抱いている。
□25 心を開き、甘えなさいと言われても、よくわからない。
□26 異性とつきあう前から、最悪の結果や不安のほうを先にイメージしてしまう。
□27 自分の体にコンプレックスがあって、正直、好きではない。
□28 自分は、自分を甘やかしすぎていると思う。
□29 自分以外の誰かとは、一生わかりあうことはないと思う。
□30 言葉で自分の気持ちを誰かに向けて表現するのが苦手だ。

お姫様ごっこ3か月目の目的は、女性性のエネルギーを、最大限に引き出し、発揮できるようになることです。

2か月目のおさらいですが、女性性のエネルギーは、受容、容認、慈悲、慈愛、生み出す、育む、ゆるす、自分を大事にする、直感で生きる、変化を好む、環境に適応する……などを表しますが、女性性のエネルギーをうまく活用できない人は、前記のような特性を素直に出すことを抑えていたり、怖がったりして、拒否感や抵抗感を覚えてしまうのです。

こういう状態が続くかぎり、幸せな状況がたくさん目の前にあったとしても、それを幸せだと感じることもできないので、感謝をすることもできなくなります。

わたしたちが、「幸せ」と呼んでいるものは、心から感謝できるものが目の前にあるときのことですよね。

おいしい食べ物をいただけるとき、やりがいのある仕事を任されたとき、パートナーとの愛を確認しあえるときなど、心から、うれしい、わくわくする気持ち、つまり、「快」を感じることが幸せなのです。

そう、幸せというものは実はとても単純なことなのですが、その状態を長く続けることができないから、わたしたちは、自分が幸せなのかどうかもわからなくなっているのです。

幸せというものは、瞬間、瞬間でしか感じることができない感情です。

ということは、幸せになりたいのなら、たくさんの「快」を1日に何度も感じることができるように、自分自身が「許可」すればいいのです。

そして「快」、つまり自分にとって気持ちのよいこと、楽しいことをたくさん取り入れて、そのたびに、うれしいなぁ、ありがたいなぁと感じていればいいのです。

そうすれば、自然に、毎日が幸せという状態になりますよね。

心が不安や疑心暗鬼、悲しみや怒りでいっぱいのときにありがたいなぁ、などという感謝の気持ちがわいてくるはずがありません。

そんなときに、「感謝しなければ」と、苦しい気持ちにふたをし、悲しい気持ちを我慢して、微笑《ほほえ》んでみせても、天の神様は、ちゃんと見抜いています。

「悲しいとき、怒っているとき、つらいときに、感謝なんてできないでしょう? わたしたちは、あなたが、心から喜んでいるときの『ありがとう!』

を聞きたいのです」

これが、天の求める「本当の感謝」で、つまり、天の神様はわたしたちが喜びの瞬間を多くもてばもつほど喜んでくださるのです。だからこそ、もう、我慢したり、絶望したりしなくていいのです。

お姫様ごっこの最終的な目的は、幸せになることです。精神的にも、物質的にも豊かになることです。

とくに、この時代を選んで生まれてきたわたしたちの魂はないものの中から、一筋の光を無理やり見つけ犠牲を払ったり、我慢したり、忍耐したりすることは、すでに経てきています。

ですから、この時代に誕生したわたしたちは、みな、その学びはもう卒業していいのです。

わたしたちの目の前には、物質や、あらゆるチャンスなどたくさんの天からの贈り物があることにまず気がつき、それを、受け取り、分かちあうことを最大の学びとしてこの世に生まれてきたのです。

お姫様ごっこ3か月目は、とくに自分にとって心地よく感じるものやことを積極的に生活に取り入れ、「快」の気持ちをできるだけ多く感じることで、ますます幸せになり、今度は心から人さまに対し、豊かにあなたの愛を与えることができるようにしていきます。

天が望む、与える行為とは、不安や抵抗感を抱いているにもかかわらず、無理やり差し出して、後悔したり、欠乏感を覚えたりするものではなく、与えることが「わくわくすること」や「喜び」に感じるような、与えたほうも与えられたほうも、両方が幸せを感じられるものです。

なぜ、受け取るだけではなく、与えなければならないのか。これは天が、わたしたちの魂、そして、この世のすべての生物を、与え、受け取ることでしか存続できないように創造したからです。

この世のシステムは必ず、誰かが与え、誰かが受け取り、受け取った人はまた別の形で与えるということを、自然にできるようにつくられています。

たとえば、スーパーでお野菜を買うという行為について言えば、お野菜を作ってくださる方々がいるおかげで、わたしたちはお野菜を食べることができます。でも、わたしたちがお野菜を買わないことには、作ってくれた人たちは生活できません。

わたしたちはお互いに与えあい、受け取りあいながらでないと生活が成り立ちません。

呼吸も同じです。吸ってばかりではわたしたちは生きられませんし、吐き出してばかりでもダメなのです。空気を吸う（受け取る）、吐き出す（与える）、この繰り返しをしないかぎり、わたしたちは生きていくことが不可能になるのです。

そう考えてみると、与えて、受け取るということは、ごく当たり前で自然なことです。しかし、多くの人がなぜか愛やお金に関しては、一方的に与えるばかりだったり、受け取ることを拒否したり、何も与えずして受け取ることばかり考えたりしているから、おかしなことになってしまうのです。愛もお金も、わたしたち人間と同じ、この地球上のエネルギーです。与えて、受け取ることをしないと機能しなくなります。

この世の多くの女性は、受け取ることを拒否しているがゆえに満たされて

いません。これは、2か月目でもふれました。

男性性のほうにバランスが偏っているせいで、「受け取る」という女性性の特性が出にくくなっているせいだと思います。

受け取るべきものを受け取っていないので、もともと満たされていないものを奪われるような気がするから、大きく与えることを恐れるのです。

空に近いタンクから、無理やり、与えようとするから、欠乏感をもってしまうのです。

愛のタンクは、自分を大切にすること、「快」にたくさんふれることで満たされていきます。

愛のタンクが満たされていると、与えても、与えても、全然、苦しくありません。

自分が犠牲になっている、わたしはこんなに頑張っているのにわかってくれないなどという不満も、むなしさも伴いません。

波長の法則で、そういう豊かな心持ちの人には、豊かなものがたくさん流れこんでくるようになります。あなたは、受け取り、与えることを、けっして無理せず楽しく、自然なこととしてできるようになるのです。

◆「お姫様ごっこ3月目」の方法とポイント◆

①執事とお姫様の朝2分、夜3分のロールプレイングは続ける。

②王子様とのデートを楽しむことも忘れずに。

③自分と誰かに、プレゼントする習慣を身につける。

●毎日、自分や、誰かに小さな贈り物をする

お姫様は、いつも豊かで、あふれんばかりのやさしさをもっている人です。
悲しんでいる人、元気のない人、病気の人などに、やさしい言葉をかけてあげたり、贈り物をしたりするのが習慣になっています。

また、お姫様はふだんからたくさんの人に愛されているので、贈り物もたくさん受け取っています。

あなたも今日から、自分と誰かに、何かをプレゼントしましょう。

これは、何でもいいのです。

自分に対しては、たとえば仕事帰りにおいしいカフェでお茶を飲んだり、お花屋さんに寄って自分のためだけの花を一輪買ったりして、自分自身に、贈り物をします。

物を買うときは、無意識にお買い物をするのではなく「○○姫様（自分）への贈り物です」というイメージをしながら、品物を選んでください。

物ではなくても、ランチのあとのお昼寝タイムでも、公園でのブレイクでも何でもいいのです。自分自身に意識的に贈り物をしてください。

そして、執事モードで「他国のお姫様から（もしくは王子様から）お姫様への贈り物です」と言って、お花、買ってきたスイーツやお茶、美しい景色などを「贈り物をありがとう」と言いながら、楽しんでください。

人さまに対しては、あなたが「贈り物」だと思うものをプレゼントしてみてください。

たとえば、疲れている同僚に「笑顔」を向けること。

事務所に帰ってきた人たちにお茶を入れてあげること。

疲れているお父さんやお母さんの肩をマッサージすること。

親友にお花を一輪プレゼントすること。

パートナーの好きなものを作ってあげること。

子供たちに感謝の手紙を書くこと。

何でもいいのですが、今までこういうことを無意識にやっていた人も、「これは、わたしからあの人への贈り物なのだ」と意識して何かをしてみてください。

もちろん、相手に「これは贈り物です」などと言う必要はありません。

でも、イメージの中で、お姫様が贈り物をあげているというシーンを思い描きながら、誰かにプレゼントを用意してみてください。

お金がなくても、時間がなくても、あなたにできることを見つけてください。

そうすると、実は、極端な犠牲を払わなくても、高価なものでなくても、人さまに与えてあげられるものはいっぱいあることに気がつきますよね。そう、あなたは本来、とっても豊かな人なのです。自分はダメな人間だ、自分なんか必要とされていないと思っていたことは、すべて勘違いだったと気がつくことができるようになるはずです。

何かしてあげてお礼を言われたら、素直に「受け取る」ことを忘れないでください。

せっかくお礼を言われたのに無愛想にしたり、「いやぁ、つまらないものですから、お礼なんていいんです、なんか、すみません」などと、照れたり謝ったりしていては、受け取ったことになりません。

「ありがとう」と言われたら「どういたしまして」と笑顔でお礼の言葉を受け取ってください。

どうしても謙遜したい場合は「気に入っていただけるかどうかわからないけど、どうぞ受け取ってください」と笑顔で、言ってみてください。

「贈り物」の習慣を身につけると、あなたは、与えることが楽しくなってくると思うのです。

そして、そのことで、あなただけではなく、あなたに与えようとする人もみな、そうしたくてしているのだということに気がつくはずです。

あなたがお茶を入れてあげたくてそうしたのに、

「こんなことをしてもらったら、悪いよ」

と、せっかくのお茶をお盆に突き返されたら、あなたはどう感じますか？

とても悲しい気持ちになりますよね？

けっして、お礼を言われることが目的でそうしたわけではなく、あなたはその人を喜ばせたかっただけなのに、受け取ることを拒否されるとつらいですよね？

受け取り下手な人というのは、遠慮をすることで人を悲しませる人でもあるのです。

あなたが本当に人のためになることをしたいなら、与えてもらったことは、何でも喜んで受け取ってみましょう。

それがたとえばあまり気に入らないものであったとしても、与えようとしてくれたその方の気持ちに、笑顔で、お礼を言いましょう。

受け取ることを拒否する行為がどんなに人を悲しませるか、あなたが与える側に変わったときにきっとわかるはずです。

人からされてイヤだなと思ったことは、あなたも、そうしたくないと感じていることです。ですから、あなたは、笑顔で受け取る人に変わればいいのです。**あなたがもし誰かに何かを与えようとして、その人に遠慮されて悲しい気持ちになってしまったら、実は今まであなた自身がいつもそうしてきたのだということを思い出してください。**

鑑定中に、「1日に1つ、意識して、人に何かを与えましょう」とお伝えすると、「そんなことをして、親切の押し売りになりませんか?」と言う人がいます。

得てして、押し売りになる行為というのは、お礼を言われることだけが目的だったり、多くの場合、相手に気を使いすぎて、タイミングをはずしていたり、気を使うあまりに過剰に与えようとしたりするからです。

ここでいう「プレゼント」の習慣は、そういうことではないのです。

あなたが与えたいから、与えるということです。お礼を言われることが目的でもないし、気を使うことでもなく、「自然にできること」をするのです。

とはいっても、あなたが親切で「自然に」したことを、10人が10人とも喜ぶとはかぎりません。人の価値観や感情は、他の誰かがコントロールしたり、その感情に責任をもったりすることなどできないのです。

「与えることって大変だなぁ」と心配になってしまったかもしれません。でも大丈夫。このワークで、「プレゼント」をするときは、気心が知れた人に、気を使わなくてすむ状況で、軽い気持ちからスタートしてみてください。

この段階では、あなたが、誰かに与えたことにより、自分の豊かさを知ることができればよいのです。日々、何かを気軽に与える練習をすれば、必要な人にベストなタイミングでベストなものを与えていけるような、やさしくて慈悲深い素敵なお姫様に必ず成長できます。安心して取り組んでみてくださいね。

●2人目の赤ちゃんが欲しい

お姫様ごっこ講座3か月目に入った受講生のふさよさんは、結婚5年目にして、セックスレスについて悩んでいました。

ふさよさんご夫妻には4歳になる、かわいい女の子が一人います。

ふさよさん自身は2人目もそろそろ欲しいと願っているのですが、ご主人は口では「男の子も欲しいね」と言いつつ、子づくりはしないのだそうです。カウンセリングを受けるようにすすめても、行こうとしません。

実は、ふさよさんは何回もこの件で、わたしの鑑定を受けてくださっています。わたしは「ご主人をせかしても意味はありません。それよりも、一緒にいたいとかご主人がうれしくなるような言葉をかけつづけて、おうちが天国だと思ってもらえるように、心地よい空間をあなたから提供してみましょう。そのためには、あなた自身が、平穏でなくてはなりません」というメッセージを、言い方を変えて何度も何度もお伝えしました。

人間の思い癖や行動癖は、変えようと思ってもなかなか変わりませんから、そのことで守護霊さまがあきれたり見放したりはなさいません。

一番苦しいのは、頑張っても現実が変わらないというジレンマに悩んでいる本人ですから、わたしも毎回、同じことを丁寧にお伝えしていたつもりです。もちろん、ふさよさんも、努力はしていたのだと思います。

ただ、毎回、自分を穏やかに保つことは難しいとおっしゃっていました。
それも、当たり前かもしれません。

ふさよさんが頑張ってご主人にやさしい言葉をかけたにもかかわらず、
「疲れた〜」と言ってさっさと背中を向けて眠ってしまわれると、悲しくて、
絶望して、涙が止まらなくなっていたとのこと。
そんなときにお姫様ごっこのことを知り、「自分に必要かもしれない」と
感じて、お申し込みしてくださったのでした。
以下はふさよさんの体験談です。

「わたしは、自分では自分のことを十分、わがままだと思っていたのです。
でも、お姫様ごっこ1か月目のときに感じたのは、わたしは常に誰かの召使
いだったなぁということでした。

『もっと、人に好かれるように頑張りなさい。あんなことしちゃ、人に嫌われるでしょ？』と、厳しい執事が、しょっちゅうわたしを叱りつけていたことが原因なのもわかりました。

自分のためだけに心を込めてお茶を入れるなんて、たぶんしたことがなかったと思います。わたしがわがままだと思っていたことは、ふだんから、我慢に我慢を重ねていたものが、ときどき大きく爆発したものだったのだと思います。

お姫様ごっこ2か月目で王子様を登場させて、王子様にしてもらいたいことをイメージする段階では、わたしは抱きしめられて『よく頑張ったね、もう頑張らなくていいよ』と言ってもらうシーンを、心が落ち着くので何度も思い浮かべ、自分で自分を抱きしめました。そうすると、涙が止まらなくなりました。

玲巳さんのアドバイスどおり、泣くのを我慢するのではなく、『しっかり泣いていいよ』と王子様に言ってもらうようにしたので、いっぱい泣きました。

でも、どこかで、こういったことを一人でしている自分がむなしくて寂しくてたまりませんでした。

しかし、『そう思ってもいいから、お姫様ごっこを続けて』と玲巳さんがおっしゃってくださったので、何とか頑張れたのだと思います。そして、奇跡が起きたのです。

3か月目のお姫様ごっこを受講した日、自分へのプレゼントに前から欲しかった靴下を買い、主人へのプレゼントとして腰をもんであげたのです。

すると主人が『おれは、おまえと結婚して幸せだよ』と言ったのです。

こんな言葉、新婚以来、言ってくれたことがなかったので、うれしくて泣いてしまいました。すると、主人がわたしを抱きしめてくれたのです。

主人に抱きしめられながら、自分がこのシーンをもっとも多く思い浮かべていたことを思い出し、びっくりしました。

夜の行為はまだありませんが、主人が前よりやさしくなったことが本当に信じられません。でも、なんだかそれだけで、満足な気もしてきました。

本当に求めていたのは、2人目の子供やセックスそのものというよりも、愛されているという実感だったのだなぁと、ようやくわかりました。

また、以前からお話ししていましたが、わたしは買い物依存症気味でした。

でも、お姫様に欲しいものを聞いて買うということをしているうちに、ムダなものを買わなくなったように思います。これもお姫様ごっこ効果の1つかもしれません。わずかですが、貯金もできるようになりました。

これからもお姫様ごっこを続けて、いつまでも愛される幸せなお姫様でいたいと思います。玲巳さん、守護霊さま、ありがとうございました」


お姫様ごっこを始めると、誰かを変えようと強制しなくても、その人との波長がもともと合っていれば、相手の態度に変化が起きてきます。

自分の波長が、人に気を使い自分を後回しにするというものだったとしたら、いつでも自分を後回しにされるような現象が起きたり、他の人のために何かを犠牲にしたりすることが続きます。

しかし、自分を大切にしていれば、自然に周囲の人があなたを大切に扱ってくれるようになります。そしてまた、自然に相手の求めていることがわかり、大切にできるようになるのです。

それまでのふさよさんは、自分を犠牲にして、身も心も疲れきっていました。

ですから、相手が本当に望むことをしてあげる余裕がなかったのだと思います。

お姫様ごっこをすることで、自分を犠牲にしなくなり、余裕ができたからこそ、ご主人が本当に望んでいることを察知できるようになったのでしょう。

また、自分が本当に望んでいることは何かということも理解できるようになったので、それを引き寄せたのだと思います。

セックスレスで悩んでいる方はたくさんいらっしゃいますが、問題の本質を、セックスや子づくりという行為だけに絞ってしまい、自分が望んでいるものを勘違いしている人が多くいます。

でも、自分が望んでいるものは本当は別なものかもしれないと考えてみると、もう少しラクになるのではないかと思います。

子供という存在を使って、配偶者との関係をつなぎとめようとしているのではありませんか？

子はかすがい、ということはたしかにあります。しかし、それはもともと2人に愛情という基盤があるから、子によってますます、しっかりした絆《きずな》ができあがることをいうのです。

夫婦関係修復のためや、自分の老後の心配のために子供を欲しがるのは、新しい命に対してとても失礼な考え方です。

また、子供はいらないけどセックスはしたいというあなたは、本当にセックスという行為そのものを望んでいるのでしょうか？

もしかすると、自分自身を大切にしていないせいで、寂しさが満たされていないだけなのかもしれませんね？

そういったことを見極めるには、お姫様ごっこをする中で、自分が特別気に入っているシーンにヒントが隠れていたりします。

自分の望んでいることを明確にできると、ふさよさんのようにムダなものを買わなくなったり、相手が求めていることをちゃんと理解できたりするようになります。そして、与えて喜ばれるようになると結果的に、すべてのことに、満足感が得られ、心に穏やかさが戻ってくるのです。

自分の中のお姫様をしっかりかわいがってください。そして、お姫様の望みをちゃんとかなえてあげてください。そうすると、現実の世界でも同じようにあなたは大切にされ、人を大切にすることができるようになります。

自分と人をきちんと愛することができる人に、精神的な豊かさと経済的な豊かさがセットでやってくるのです。

◆「お姫様ごっこ3か月目」で用意するもの◆

●贈り物リスト

ノートを一冊用意して、あなたが1日のうちに誰に何をプレゼントしたかを書いていきましょう。

あなたが自分でプレゼントしたもの、人さまからいただいたもの、プレゼントだと感じるものも、同時にメモします。そして、このリストを読み返し、最後に、

「今日も、ギフトを与え、受け取ることができました。ありがとうございます」

と、感謝の気持ちを書きます。

これで3か月間のお姫様ごっこすべてのプログラムが終了しました。

お姫様ごっこを3か月間続けたことで、まず、「うるさい顕在意識」＝「うるさい執事」を意識的に追い払い、潜在意識の入り口にいたあなたの満たされなかった子供時代の記憶や感情の存在に気がつき、その感情をお姫様の声として徹底的にケアしてきました。

そして、理想の愛のイメージを明確にし、天に願いを放ちました。受け取ること、与えることを意識することで、受け取ることも与えることも両方、うまくできるようになりました。

今のあなたは、自分のことを尊重し、ケアする方法を覚え、自分にも人さまにも素敵な贈り物ができる、やさしくて魅力的な、すばらしいプリンセスです。

このお姫様ごっこを、一部だけでも結構ですから、一生の習慣になるように続けていただきたいのです。

なぜなら、あなたには、一生、お姫様でいてほしいからです。

ここでいう「お姫様」とは、「本物の愛と豊かさを手にした恵まれた女性」という意味です。

わたしたちは、生きていれば、不安になることも怒りにうちふるえることもあります。それにより心がざわつき、自分を見失ってしまうこともあると思います。

今までのあなたは、その感情を放置したり、心にふたをしたりするだけで終わっていたかもしれません。

しかし、お姫様ごっこを通して、ネガティブなことをためこんでいた自分の心を癒し、ケアできるようになっていますから、いつでもご機嫌で愛らしい自分でいられます。

そうなると、当然、人からは愛されるようになり、大事にされます。
愛し愛される人生こそ、本物の幸せだと思いませんか？

パートナーだけではなく、すべての人たちと愛を分かちあうことは、豊かさを手にすることと同義です。

豊かさを象徴するお金や仕事での成功も、人さまを介してしかやってきません。

人さまを愛し、愛されなければ、その結果としてやってくる物理的な豊かさも、精神的な豊かさも、手に入れることは不可能です。

ぜひ、自分をお姫様のように扱うことを習慣にして、一生、愛を与え、受け取って過ごしてください。

わたしたちが生まれてきた目的は、本物の幸せを手にすることですから、安心して、幸せに、豊かになっていいのです。

次は、お姫様ごっこの世界だけではなく、現実の世界でも、愛され、豊かに暮らす幸せなお姫様になるための心得についてお話しします。

part 3

一生
お姫様でいれば
まわりも
幸せになる

一生素敵なお姫様でいるために～お姫様7つの心得

お姫様ごっこの世界だけではなく、現実の世界でも、愛され、豊かに暮らす幸せなお姫様になるためには、次の7つの心得を知っておくとよいでしょう。

◆お姫様の心得その1～7◆

お姫様の心得その1――不機嫌になったら、できるだけ素早く、解消する

不機嫌になってはいけない、というのではありません。

不機嫌になるということは、「今、この瞬間、『怒り』や『悲しみ』の感情をケアしてください」というサインなのです。

こういうときこそしっかりお姫様になりきって、自分をかまってあげてください。100パーセント自分の味方である執事に、全部さらけ出してみてください。

すべてあなたに原因があったとしても、不機嫌になった「お姫様」＝「あなた」を、一切、否定したり非難したりしてはいけません。

気持ちが収まってきたら、

「わたしは、自分と、○○さん（不機嫌のきっかけをつくった人）と、その出来事をゆるします」

と、執事に宣言しましょう。「ゆるす」というコトノハパワーが怒りや悲しみを、洗い流してくれます。

そのあとは、不機嫌になったことにより疲れてしまった心と体を、おいしいお茶やいい香りのするお風呂などでねぎらってあげてください。

不機嫌というエネルギーは、放置すればするほど拡大し、やがて不機嫌にならざるをえないことを、いっぱい引き寄せる磁石と化してしまいます！

不機嫌エネルギーには、こまめに、対応しましょう。

お姫様の心得その2——コトノハでよい波長をキープする

「言葉」＝「コトノハ」は、とても重要です。

なぜなら、わたしたちは、言葉によって「波長」をつくっているからです。

たとえば「バカ、ブス、最悪」と20回ほど繰り返して言ってみてください。

なんだか、気持ちが、どんよりしてきませんか？

「バカ、ブス、最悪」と言っているときにうきうき、わくわくする人はいないはずです。

そのコトノハを使うことで起こる「感情」は、そのまま「波長」の性質を表しています。

「波長」は目に見えませんが、わたしたちはちゃんと「感情」で、その性質をとらえ感じることができているのです。

どんよりする、なんだか重苦しい、悲しくなる、イライラしてくる。

それは、そういう「波長」の状態に、自分が今いるということです。

では、「かわいい、素敵、幸せ」と、同じく20回、繰り返して言ってみてください。

なんだか気持ちがふわぁっと楽しく、うきうきしませんか？

そう、あなたは、ふだん使っている言葉で波長をつくり出すことができるのです。いつでも幸せで温かく穏やかな波長でいたければ、そのような気持ちになる言葉を使えばいいのです。

お姫様の心得その3――人さまには、ポジティブ・コトノハで対応する

人さまに対しても、明るい表現、やさしい言葉を心がけて使いましょう。

たとえば、お友達の愚痴をひとしきり聞き終わったあと、「何、それ～！最悪～!!」とリアクションするのではなく、「大変だったねぇ。でも、○○ちゃんは、悪くないし絶対、大丈夫だよ～」というふうに。

前者の言い方は、お友達の味方になってあげたつもりで同意しているのかもしれません。でも、ただでさえお友達は愚痴を言いたくなるような「最悪な状態」だというのに、あなたまで「最悪」という言葉を使うことで、お友達の意識が「最悪」のほうに傾いてしまいます。

そうなるとお友達は、あなたと話をしたことで「最悪」の状態から抜け出すことが遅れてしまったということになります。

お友達をその波長から救い出してあげたいなら、あなただけでも、

「大丈夫だよ」

「絶対よくなるよ」

「今からは、いいことしか起こらないよ」

と、言ってあげましょう。

根拠はなくても、そういうときこそポジティブ・コトノハをプレゼントしてあげてください。
お友達は、その言葉を聞けた一瞬だけでも、波長を切り替えられます。

また、心配や不安のあまり、

「風邪ひかないでね」
「事故にあわないように気をつけてね」
「テストで悪い点をとらないように祈ってるから」
「上司に叱られないように祈ってるよ」
「浮気しないでね」
「緊張しないでいいからね」

などと、実際に起こってほしくないことを、言葉で表現しないようにしましょう。

「風邪ひかないでね」は「温かくしてね」。

「事故にあわないように」は「安全運転でね」。

「テストで悪い点をとらないように」は「テストでベストな結果が出るように」。

「上司に叱られないように」は「○○ちゃんの実力が認められるように」。

「浮気しないでね」は「大好きだから、大事にするね♪」。

「緊張しないでいいからね」は「リラックスしていこう」。


要するに、そうなってほしくないことは言葉に出さず、起こってほしいと思っていることを表現してあげればよいのです。

そうすると、その言葉を放ったあなたにも、言われたほうの人にも、起こってほしい出来事や「波長」を呼び寄せることができます。

お姫様の心得その4――お花の色を身につける

豊かで愛にあふれた生活をしたいなら、まず一番大事なことは、人さまに好きになってもらわなければなりません。

でも、人はたいてい、つきあいが浅ければ浅いほど、その人のことを「外側の部分」つまり「見た目」で判断してしまいがちです。

外見には、表情はどうだったとか、声はどんな感じかといったことも含まれますが、そういったことよりも、一番最初に会ったときに何となく目が行くのは、その人が身につけている色ではありませんか?

たとえば、スーパーで誰かにぶつかってしまって、一言「ごめんなさい」と一瞬だけ言葉を交わした人の顔は覚えていなくても、「黒っぽい服装」だったとか、「赤とかオレンジとか、何となく、にぎやかな感じの服だった」など、色に関することだったら、おぼろげながらでも覚えていますよね。

色にはコトノハ同様、エネルギーが宿っています。

赤や黄色、オレンジ、ピンクなどの明るい、暖かい色には、そのようなエネルギーが、緑や青、深い紫などには、気持ちを落ち着かせる静かで穏やかなエネルギーが宿っています。

色を選ぶと、その色と同じような波長を呼び寄せます。元気になりたいときは明るい色を、落ち着いてゆっくりしたいときには静かな色を選ぶといいのですが、人から愛されるお姫様たるもの、人前に出るときは「お花色」を身につけることを心がけましょう。

「お花色」、つまりこの地球に存在しているお花と同じ色を身にまとうことで、周囲の人を和ませ、明るい気持ちにすることができるようになります。

「お花」が嫌いな人はいません。

白い花、黄色い花、ピンクの花、(グリーンも木の芽や観葉植物をイメージさせますから、大丈夫です)何でもいいのですが、お花と同じ色を身につけると、あなたもお花のようにやさしく、人を癒すことができるようになるのです。


黒や灰色は、その色だけ、もしくはその2つの色だけでコーディネートするのは避けてください。

それらの色を身につけるときは、必ずどこかに「お花色」をプラスしましょう。

どうしても黒で統一したいなら、ネイルをお花色にするとか。

制服の関係でそういう色しか身につけられないのなら、ボールペンの飾りにかわいいお花がついているものなどを選んで胸元のポケットにさしておくとか。

お花のついたヘアピンをポケットにさしておくとか。

とにかく、工夫して、お花をイメージさせる人でいることを心がけてください。

お姫様という存在は、そこにいるだけで人を和ませたり楽しませたりすることができるのです。映画やアニメのお姫様、テレビなどで見る本物のプリンセスは、みな素敵なドレスを着て、美しい宝石を身につけています。わたしたちはその姿を見ているだけで、わくわくしたりうっとりしたりして、浮き世を忘れますね。

ですが、高価なものを身につけなくても、可憐《かれん》なお花のような存在でいることは、わたしたちにもできることです。

いつまでも、お花のようなお姫様でいましょう。そして、周囲の人たちを和ませてあげましょう。

お姫様の心得その5――お花の香りを身にまとう

お花の色を身につけることと一緒に心がけてほしいのは、人前に出るときにお花を連想させるような素敵な香りを、いつも漂わせているようにすることです。

香水やコロンが苦手な人はアロマオイルを蒸留水で薄めてスプレーボトルに入れて、ハンカチや下着などに吹きかけておくとほのかなよい香りがしますし、オフィスや、レストランなどでも大丈夫だと思います。

わたしも鑑定前は、アロマのスプレーをシュッとひと吹きしてから霊視に入ります。

香りには、邪気を祓《はら》う役目があるのです。

みなさまご存じのとおり、お寺ではお線香をたきますし、神社仏閣は香りの強い白檀《びゃくだん》や檜《ひのき》を建築の際に使用することで邪気を祓っています。

あなたがよい香りを漂わせることで、その場のエネルギーをクリーンにすることができますし、その香りで自分も人も癒されます。

また、バラ、ピーチ、桜、カサブランカなど、ピンクを連想させる香りは「女性性」のエネルギーを高めてくれる香りです。

自分を認めたり、愛したりできないとき、人や物事をゆるせないとき、自信がないとき、未来に希望がもてないとき……そういう気持ちのときは、ぜひピンクを連想させる香りを身につけたり、お香や入浴剤で楽しんだりしてみてください。

お姫様の心得その6——肉体を喜ばせることを忘れない

人間という生き物は、無意識（魂）、顕在意識、肉体の三位一体で形成されています。

お姫様ごっこでは、無意識と顕在意識の声を聞く練習をしてきましたが、同時に体の声も、お姫様のご要望としてちゃんと受け取ってきたかと思います。

お姫様が、食べたいというものを食べ、飲みたいというものを飲み、眠りたいという声に耳を傾けてきたと思うのです。

そうして、体の声に従うようになると、もっともっと、体がいろいろなことを要求してきます。それはもちろん、体が本来の状態に戻ること、つまり「元の気」＝「元気」になることを求めているからです。

そうなってくると、食べ物の好みが変化したり、踊りたい、散歩に行きたいなど体を動かすこともしたくなったりしてくるようです。

わたし自身、お姫様ごっこを始めてから、もともと体を動かすことなどあまり好きではなかったのに、ストレッチをしたくなったりダンスをしたくなったりして、少しずつ運動をするようになりました。

食生活も、劇的に変化しています。

それまではジャンクフードや砂糖たっぷりのお菓子などを好んで食べてい

たのですが、ある日突然フルーツが食べたくなって、それからというもの毎日の食卓にフルーツが欠かせなくなりました。そして、それと同時に、野菜を好んで多く食べるようになりました。

わたしはぽっちゃり体型なのですが、別にダイエットをしたくてそうしているわけではありません。

ダイエットをしなくても、愛するパートナーがそのままのわたしが好き♪と言ってくれるので、ぽっちゃりしていることに対してはそんなに危機感はもっていないのです（笑い）。

ただ、お姫様ごっこをするようになってからは、おなかがすいたからそこらへんにあるものを食べるという食べ方ではなく、おいしいものだけをうれしく楽しくいただけるようになりました。

食べ物をいただくということは、食材の命をいただくということです。

食材には、愛のエネルギーがこもっています。

それを「おいしいな、うれしいな」という気持ちでいただくと、自然に感謝の気持ちがわいてきて、食材からいただいた愛のエネルギーと感謝のエネルギーを同時に体内に取りこむことができるようになります。

お姫様ごっこを始める前のわたしは、持病のアトピーが出たり腎盂《じんう》炎や膀胱《ぼうこう》炎を繰り返したりなど病気がちでしたが、体に愛と感謝のエネルギーを取りこむいただき方をするうちに、その日に食べたいものが変わってきました。

そして、それを楽しみながら喜んでいただくことで、肌の状態も落ち着いてきていますし、健康になってきていると思います。

ローフードや有機野菜、ベジタリアン生活をしたからといって健康になるわけではありません。大切なことは、食材という愛そのもののエネルギーに心からの感謝をしながら体内に取りこませていただく、ということです。

そういう気持ちで食べ物を摂取すると、特別なことをしなくても人間は健康でいられます。健康でいると、内側から喜びのエネルギーが生まれますよね。

幸せなお姫様でいつづけるには、体が元気であることも、重要です。

体が元気じゃないと、いざというときに人さまの役に立つこともできません。

健康な体をキープして、内側からパワフルでキラキラ輝いていることも、お姫様として、大事な心得の1つです。

お姫様の心得その7――真・善・美を意識して生活する

人間は、大自然の一部です。動物も植物も、海も山も空も、すべて大宇宙の一部です。

ということは、つまり、大宇宙、天、神様、呼び方は何でもいいのですが、そういった大いなる存在と同じエネルギーが、自分の中にもあるということです。

わたしたちの魂は、何度も、生まれ変わりをします。

そして、肉体をもち、いろいろな体験をすることで魂を磨きますが、その最終目的は、大いなる存在と同じエネルギーをもっていることに気づき、その部分を高め、さらに、大いなる存在と同化していくことです。

わたしたち一人ひとりの魂がそうやって成長し大宇宙と同化することで、大宇宙のエネルギーはどんどん拡大していきます。

さらに、日々、新たに生まれてくる魂をサポートしながら、拡大を続けます。

大宇宙のエネルギーの核となる部分は「真・善・美」という3つのエネルギーで構成されています。その3つのエネルギーを放つことにより愛と感謝、それによってもたらされる豊かさというエネルギーを強力な磁場で引き寄せ、ベールのようにまとっているのが大宇宙なのです。

わたしたち人間の一人ひとりの心の中にも「真・善・美」が備わっていて、この3つのエネルギーを意識して発揮するようになると、大宇宙の仕組みと同じように「愛と豊かさ」のエネルギーを引き寄せ、身にまとうことができるのです。

では、「真・善・美」とはいったい、どういうことなのか、説明していきますね。

◆「真・善・美」とは?◆

●「真」とは、真実の真

「真」とは、真実の真であり、大宇宙のエネルギーから見た「真実」とは、常識や法律の物差しで「正しい」とされることではなく、すべて「愛」の視点でものを見るということです。

「愛」の視点とはどういうことかというと、すべての事柄に対し、慈悲の目、受容の目、ゆるしの目をもち、そのように考え、行動するということです。

人や自分の言動、考え方について「正しい」とか「間違っている」という見方をしてしまうと、自分が勝手に「間違っている」と感じていることを批判したり、排除したりしようとしてしまいます。

天は、この世に「間違い」はないといいます。あるのは「違い」と「変化」だけです。

大小にかかわらず、すべての争いごとの原因は、自分の「正しさ」を相手に無理やりわからせようとすることから始まります。

自分は正しくて、相手は間違っていると考えるから、相手を攻撃してしまうのです。

わたしたち人間は、人さまに対してだけではなく自分の行動についても「間違いだった」と後悔しますが、その行動は過去の自分にとって精いっぱいの「正しいこと」だったはずです。

今の自分は成長し変化していますから、あのときの行動は「間違いだ」と思うのでしょう。しかし、過去にとった行動は「間違い」ではなく、「未熟だった」だけなのです。

「未熟」は悪ではありません。

わたしたち人間は、「未熟」で誕生します。

「完全」に近づけば近づくほど、この世にいられなくなる性質をもっています。

つまり、わたしたちが「完全」になるときは、もう人間ではなく、天の一部に同化します。

人間で生まれたということは、常に「未熟」なのです。

でも、それは悪いことではありません。わたしたちの魂が成長するためには、未熟な状態で体験するすべてのことが、必要な過程なのです。

わたしたちは、自分の「今」の価値観と違う価値観をもつ人や過去の自分を責めがちです。しかし「真」を理解すると、自分や人をゆるすこともできるようになります。それに「人間関係のすべては『真』の心で対応すれば解決する」と言っても過言ではありません。

まずは、あなたという素敵なお姫様が、「真」の心で人や自分に接してみてください。

●「善」とは、己の才能を知り、善き行動をするということ

天のいう善き行動とは、自分も人も同じ大自然のエネルギーの一部で大切な存在だということを理解し、成長することです。

魂の成長は、自分の才能を知り、それを人さまのため、世の中のために発揮することで、そのスピードが高まります。

わたしたちは、どんな人でも、人の役に立つために生まれてきています。

自分には、何の才能もないと思っていませんか？

残念ながら、才能のない人など、この世にはいません！

「え〜。だって、わたしは、普通のOLだし、平社員だし、この仕事だって、あんまり、やりがい感じてないんですけど〜」

と言う人もいるかもしれませんが、才能というものは何も芸術的センスや経営センス、秀でた運動能力といったものだけを指すのではありません。

会社勤めができるということは、組織に属することができる能力があるのです。

つまり、「リーダー（上司）をサポートし、メンバーをフォローしながら事を成し遂げる」＝「会社の運営が正常に執り行われるように動き、会社の売り上げを上げる」という能力が、あなたにはあるのです。

でも、ただ「お給料がもらえるから」という理由だけでそこにいるのでは、「能力」のままで終わってしまいます。

そのことを「才能」のレベルまで引き上げるには、犠牲心や義務感ではなく「使命感」をもつことが必要となります。

あなたの「能力」を、世のため、人のために使おうと決めることで、「使命感」はわいてきます。

今の仕事をしていても、どうしてもそういうふうに思えないのなら、まず自分が楽しんでやれることを人さまのために生かすことができないか、考えてみましょう。

お茶を入れたり飲んだりするのが好きなら、それをおいしく入れて人さまに飲んでいただくために勉強し、まず身近な人から喜ばせてあげればよいのです。

お花が好きなら、それをアレンジして、身近な人にプレゼントしていけばいいのです。

自分が好きなことの中には、使命として生かせるものがたくさんあります。

使命感をもって人さまを喜ばせること。それが、わたしたちの魂を成長させる「善き行い」です。難しく考えなくても、まず、好きなことを始めましょう。

そして、それを、人さまを喜ばせるためのものにまで、高めましょう。

人に喜んでいただけると、自分もうれしくなりますよね。

喜びは、人さまに与えることでどんどん拡大します。

「善」を意識して行動すると、あなた自身、もっと、わくわく、イキイキと生活することができるようになると思います。今からでも、好きなことを人さまのためにする！　と、意識しながら生活してみてくださいね。

●美とは、一言でいうと、「光」のこと

太陽の光、星の輝き、月の明かり、そういう「光」を見たとき、わたしたちは元気がわいてきたり、ほっとしたりしますよね。

光は常にわたしたちの中の安堵《あんど》や喜びといった幸せな感情を引き出してくれます。

光と美は、同じエネルギーです。

わたしたちは、美しいものを見たり、ふれたりすると幸せな気持ちになります。

天の基準で「美しい」ということは、目鼻立ちの整った美人さんや、肉体的にバランスのよいイケメンさんを指すのでもなく、機能的に整えられた空間や、作品を指すのでもありません。

その人や、空間が放つ「光」や「輝き」、つまり「幸せな気持ちを引き出してくれるエネルギー」を指して、美しいと呼ぶのです。

美しい人になりたいのなら、人さまや自分を幸せな気持ちにする言葉を使ったり、行動をしたりするよう意識しましょう。

空間で「美」を表現したかったら、自分や家族、そこを使う人がほっとしたり、楽しめたりする空間を意識して、お掃除をしたり、小物を飾ったりしましょう。

この世のすべての人が「美」を意識して物を作ったり行動したりすれば、この地球は安全で心地のよい天国と同じような光の世界に変わるのです。
まず、あなたから、天の視点で見た美を意識し、生活してください。
あなたが光を照らす人に変われば、あなたの周囲だけでも光の世界に近づきます。

真・善・美について、それぞれのあり方を意識し実践すると、大宇宙の構造と同じように、あなた自身に愛と豊かさがしっかりと引き寄せられます。

ここまでいろいろと説明しましたが、要するに自分のために喜んですることは、すべて人さまのためになるということです。

自分を大切にすることも大事です。人さまを大切にすることも大事です。

自分への愛、人さまへの愛、どちらが欠けても真・善・美のエネルギーは発揮できません。

お姫様ごっこをしながら自分を大切に扱うことの喜びを覚えたあなたは、人さまのことも同じように喜んで大切にできるはずです。

それが自然に理解できるようになったとき、あなたにとって「本当の幸せ」が手に入りはじめます。

本当の幸せとは、けっして、あなた一人が幸せになることではありませんよね？

あなたが何かを成し遂げることで喜んでくれる人たちがいなければ、その幸せを実感できません。あなたが幸せになることで周囲の人にもよい影響を与えることができなければ、幸せになったとはいえないと思います。

では、なぜあなたが「幸せなお姫様」になることが周囲の人の幸せにつながるのかを、詳しくお伝えいたします。

あなたがお姫様でいると、まわりも幸せになる理由

まず、わたしたち女性がお姫様に変わると、男性が変わります。

どんなふうに変わるかというと、「ヒーロー」になるのです！

わたしたち女性が、子供のころ、お姫様に憧れてお姫様ごっこやお金持ちのお嬢様ごっこ（実際、ごっこ遊びをしたことがなくても、美しさも何ももっている、そういう素敵な女性になりたいなぁと感じたことは、一度くらいあったと思います）をしていたときに、男の子たちは、戦隊ものやアニメのヒーローに憧れ、意味もなく高いところから飛び降りたり、三輪車や自

転車を猛スピードでこいでどこかに行ってしまったり、(見えない敵に)回し蹴りやパンチを食らわせたりしていませんでしたか? または、ボクシングごっこやプロレスごっこをしていませんでしたか?

いったい、何のために男の人は「強さ」に、憧れるのでしょう?

それは当然、愛する人を守るために、です!

でも、わたしたちが、いつの間にかお姫様になりきることをやめてしまったように、男の人も、やはり、大人になるとヒーローになりきることをやめてしまいます。

男の人は、成長とともに男性性の影響がどんどん強くなります。なので本当は、男性性が担当している「責任感」や「保護精神」などが、成長とともに、発揮されるはずなのです。しかし最近は、女性を守るどころか、生命力さえ感じられない、覇気のない男性が増えています。

これには、大きな理由があります。

わたしたち女性も、本当は同じように、成長するにつれ女性性の感性がどんどん成熟していくことが自然なあり方なのです。しかし「お姫様ごっこ2か月目」のところでもふれたように、男性性寄りの感性（向上心、競争心、将来を重んじる）を軸にした教育のほうがもてはやされ、女性性寄りの感性（感情に素直になる、今を大事にする、ゆるす）はあまり重要視されずにきたせいで、女性が素直に女性性を発揮することが難しく、わたしたち女性の「女性性エネルギー」が未成熟なままで止まっているからなのです。

実は、女性の「女性性」が未成熟なままだと、男性の「男性性」の感性が過剰な形で出てきたり、まるで発揮されなくなったりするのです。

なぜ、女性の「女性性」が未成熟だと、男性の「男性性」が正常に発揮されないのかというと、男性性エネルギーは、女性性エネルギーにふれないと、正常に作動しないという特徴があるからです。

エネルギーにふれるというのは、女性性のものの見方、感じ方をする人と話をしたり、実際にスキンシップしたりすることです。

坂本龍馬、エジソン、リンカーン、松下幸之助など、偉人と呼ばれる男性はいわゆる「昔の人」に多いですよね。

昔の男の人に偉大な業績を残した人が多いのは、彼らのお母さんやおばあちゃん、お姉さん、妹、育ての親、妻、親戚のおばさん、近所のおねえさんに至るまで、周囲の女性たちがみな大いなる女性性を備えていて、男性に女性性のシャワーをたっぷり浴びせながら、生活していたからです。そのおかげで「向上心」「責任感」「冒険心」「探究心」「将来を見据えた動き」など、男性性のすぐれた部分が、おおいに発揮されていたのです。

現代女性の「女性性エネルギー」が高まっていけば、現代社会にもたくさんのヒーローが誕生するはずです。

女性のほうが変化に対応しやすく何かを生み出すのが得意なことは、「お姫様ごっこ2か月目」のところでもふれました。まずは女性のあなたが、もって生まれた「女性性エネルギー」を高めることです。そうすることで、周囲の男性は自然に、あなたがあれこれ指図しなくても、男性性エネルギーの象徴である「共鳴する」「属する」という波長に従って「男性性」が正常に、善き形で発揮できるようになるのです。

ちなみに、大人になった男性に「ヒーローごっこ」をしてもらって男性性を引き出すことは、非常に難しいです。

なぜなら男性性は「保守」するエネルギーですから、一度、生き方のスタイルが決まってしまうと、よっぽど強く意識しないと変化することは難しいのです。

その反対に女性は「変化する」「変化に対応する」というエネルギーを生まれつきもっているので、変身願望が強いです。その変身願望を使って、よりよく変化・成長していくのは、女性のほうが得意で、成果も早く出るのです。

女性がお姫様になることが、世の中の男性を強いヒーローに変えます。

素敵なヒーローに愛され守ってもらいながら、優雅に穏やかに人生を謳歌《おうか》していくことこそ、わたしたち女性の永遠の憧れであり願いですよね。

わたしたちがお姫様になれば、それは必ずかないます。

天から見るお姫様とは、天や大宇宙とかぎりなく近い、大いなる愛の波動をもつ女性のことです。

また「波長の法則」の働きにより、あなたが自分や人を大事にし、すべての物事に感謝しながら毎日を過ごしていると、男女問わず周囲の人たちが、変化していきます。

実は、お姫様ごっこを始めると、一番わかりやすく変化するのは身近な人間関係です。

愚痴ばかり言っていたお友達が愚痴を言わなくなる場合もありますし、その人とは疎遠になってしまうこともあります。

でも、それは悲しいことでも寂しいことでもなく、あなたの波長が豊かで愛情あふれたものに変化した証拠なのです。

愚痴や悪口ばかり言う仲間は、お姫様になったあなたにはふさわしくないのです。

いらなくなった古いものを手放せば、必ず、素敵なあなたにふさわしい出会いがやってきます。変化することを恐れる必要などありません。

自分だけではなく、周囲を巻きこんで、みんなで幸せになりましょう。

「1日5分のお姫様ごっこ」は、3か月といわず、一生、続けてください。

そして、お姫様の心得を、常に意識して生活してみてください。

お姫様の意識をもちつづければ、必ずあなたは、真・善・美の意識をもつすばらしい女性に成長できます。

そうすると、必ず愛に恵まれ、あなたのやりたいことを応援してくれる機会や人との出会いに恵まれ、一生キラキラ輝いていられます。

そんな「幸せすぎるお姫様」になることが、世界を変えることにもつながるのです。

どうか遠慮なく、いっぱい幸せになってくださいね。

part 4

「お姫様ごっこ」の
効果を
高めましょう！

お姫様スイッチが入る「魔法のコトノハ」

コトノハとは鑑定の中で、一人ひとりのお客さまの守護霊さまが伝えてこられる、状況を改善したり、幸せな方向に向かったりするときに効果的な「アファメーション」のことです。

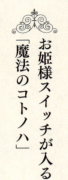

お姫様ごっこを始める前に唱えると、よりその効果が発揮されやすくなります。

また、どうしてもお姫様ごっこをする気分になれないときや時間がないときなどは、以下のような言葉を毎日言いつづけるだけで、少しずつ効果が表れます。

気に入ったものを、1日に何度でも、唱えてみてくださいね。

☆わたしは、わたし自身を、いつでも大切にします

☆わたしは、豊かで愛にあふれた人に、なりつつあります

☆わたしの人生は、愛と豊かさに満ちています

☆今日から、薔薇《ばら》色の人生が待っています

☆わたしは、愛と豊かさを手にしています

☆わたしの笑顔が、周囲の人へのギフトです
☆わたしは、いつでも満たされています
☆わたしには、幸運なことばかり起こります
☆わたしには、すべての夢をかなえる力が備わっています
☆わたしの愛と豊かさは永遠に続きます
☆わたしの愛と豊かさは、与えても与えても、増える一方です
☆わたしは天に愛されていて、天はわたしに必要なものすべてを与えてくれ

ます

☆わたしは、お姫様のように美しく、やさしく、豊かです

「お姫様ごっこ」Q&A

お姫様ごっこを実施する際に、よく聞かれる質問をまとめてみました。

Q1

毎回、お姫様のイメージが変わり、一定していませんが大丈夫ですか？

A1

全然、問題ありません。自分という人格はけっして1つではありませんよね？　快活な日もあれば、人が変わったようにネガティブになることもあります。大人の女性としてきちんとした態度でお仕事もできれば、家族や親友の前で子供のようになることもありますよね？

つまり、お姫様の姿がころころ変わるのは自然なことであり、どんなお姫様であっても大事な存在であることには変わりありません。心配せず、大切にお世話してください。

Q2

お姫様ごっこをするようになって、我慢するということが苦痛に感じるようになりました。今までだったら我慢して言えなかったようなことでも、平気で言ってしまいます。家族や同僚が戸惑っている気がするのですが大丈夫でしょうか？　それとも、言いたいことを言うのは、お姫様ごっこの中だけにとどめておくべきでしょうか？

A2

潜在意識の中には、インナーチャイルドという、「満たされない子供」が

けられていた子供が自己主張するようになります。
お姫様ごっこを始めると、今まで「顕在意識」＝「執事」の存在に抑えつけられていた子供が自己主張するようになります。

そのため、現実の世界でも、子供のように怒りなどの感情を抑えることができなくなることもあります。ですが、これはあくまでも一時的なものですから安心してください。感情が爆発してしまったら、反省したり、自分のことを叱りつけたりするのではなく、100パーセントお姫様の味方である執事になりきって、「姫様は今までたくさん我慢しておられました。わたしどもも気がつかず苦しい思いをさせてしまい、申し訳ございませんでした。もう我慢なさらないでいいのですよ。姫様はそのままでよろしいのです」と、お姫様を肯定してあげましょう。

自分を責めそうになったのなら、それはまだあなたの中に、暇を与えそびれた厳しい執事が居座っているということです。

厳しい声が聞こえてきたら「暇を与えます！」と声に出して宣告し、うるさい執事をこまめに解雇してください。

感情をぶつけてしまった相手には、「ごめんなさい」と謝ればいいだけの話です。

謝ってもゆるしてもらえないのではないか？　という恐れは、あなたを責める執事のしわざです。

もちろん、怒りや不平不満などのマイナス感情をぶつけられて、いい気持ちがする人は、一人もいません。

でも、人間なら、たまにお互いのマイナス感情をぶつけあうことだってあります。

謝ってゆるしあえる信頼関係と愛情がお互いにあれば、仲がこじれたり、いつまでも怒りや恨みをもちつづけたりするなどありえません。

もし、相手に謝ってもゆるしてもらえない場合は、あなたの中にまだ、自分を責める執事が存在している可能性があります。

相手を無理に変えようとするのではなく、まずは、自分をゆるしましょう。

相手がゆるしてくれなくても、気にしないことです。

相手の感情は、相手のものです。その人があなたに怒りをもちつづけても、あなたが受け取らなければ大丈夫です。

それに、いつまでもあなたを責めつづける相手には、あなたとの関係を大事にしようという思いが欠けているのです。

お姫様ごっこを始めると、あなたにふさわしくない人間関係は自然に解消されます。代わりに、愛情あふれるあなたにぴったりの、信頼し、お互いを大切にしあえる素敵な人間関係がどんどん広がっていきます。

安心して、お姫様ごっこを続けてください。

Q3
姫様が、あれを食べたいとか、これを飲みたいとか、なかなか意思表示をしてくれません。どうしたらいいのでしょうか?

A3
何十年も暗いところに閉じこめられて眠りについていたお姫様は、大事にされることに慣れていません。
お姫様の声が聞こえにくいのは、自分自身を幽閉していたせいです。
自分不在の状態が続いていたので、いつのときでも、自分以外の誰かが「主人」なのです。つまり、誰かの召使いのような生き方を長年続けていたということで、自分以外の人のお世話をするのは得意です。こういうときは、最初のうちはあなた自身が執事になりきって、お姫様のお世話をするようにしてください。

たとえば、あなたのおうちにお友達が泊まりに来たときのことを思い浮かべてください。目が覚めて、お友達がぼ～っとしていたとします。あなたはまずお友達に、

「おはよう、よく眠れた？」と声をかけますよね。

そして、

「おなかすいてない？　シャワー浴びる？」

「冷たい飲み物がいい？　温かいお茶のほうがいいかな？」

などと、本当に、よく気を利かせて、声をかけますよね。

これと同じようにします。

つまり、あなたの心の中には常に大切にしなければならないゲストが滞在

しているのだと思ってください。

仮に、「ゲスト」＝「お姫様」から、こうしたい、ああしたいという具体的なお返事がなくても、執事モードのあなたが、こうしてあげたいと思ったことを、あなたの中のお姫様にしてあげればいいのです。

そして、お姫様モードになったときは、「ありがとう」と言ってください。

自分という大切なゲストに親切に応対してくれた、あなた自身にお礼を言うことで、あなた自身がお姫様モード全開になれなくても、少しずつ気持ちが満たされていくはずです。そして、やがてお姫様のほうからこうしたい、ああしたいという希望が聞こえてくるようになると思います。

お姫様ごっこは、他人が主人だと思いこんでいた習慣を捨て、いつでも自分自身が主人であり大切にすべき人物なのだと自然に思える習慣をつくり出すものです。

楽しみながら、続けてみてください。

Q4

王子様に大切にされているイメージをしたいのですが、男の人とつきあった経験がないので、あまりピンときません。どうしたらいいのでしょうか。

A4

少女漫画や映画、演劇やドラマのラブストーリーの中でお気に入りの場面があれば、そのシーンをそっくりそのまま思い浮かべ、ドキドキしていてください。

そういうものがなければ、自分の体を両手で抱きしめて、王子様にハグされているイメージをしてください。

ドキドキしなくても、体温のぬくもりを感じるとほっとしますよね。

たとえ想像上のことであっても、ときめきを感じながらドキドキしたり、誰かの腕に包まれてほっとしたりするという気持ちを先取りすると、現実にそのとおりのことが起こりますよ。恥ずかしがらずに、やってみてくださいね。

Q5

お姫様ごっこは、毎日したほうがいいのでしょうか？ つい忘れてしまうときがありますが、毎日しないと効果は出ないのでしょうか？

A5

効果がないということはありませんが、一定期間集中してお姫様ごっこをするということは「過飽和入力」（一定期間集中して肯定的なメッセージを大量に脳に送りこみ、マイナスな思考を取り除く方法）の状態をつくり出します。3か月の間、集中してお姫様ごっこをやればやるほど、いつの間にか

脳に、

「自分を大切にしよう」→「自分を大切にすることは気持ちがよい」→「もっと気持ちよくなりたい。大切な自分のために何か喜ぶことをしたい」→「お姫様のように愛されて、豊かに、幸せに暮らそう」

というふうな思考回路が整い、それに従った行動ができるようになります。自然に、幸せになるための行動をとるようになるのです。

本文でもふれましたが、もともと人間には、よりよく生きたいという本能が備わっています。我慢や苦労ばかりしてきた人というのは、運が悪いのでも、霊が悪さをしているのでもなく、前世に悪いことをしたから今が不幸なわけでもないのです。

育ってきた環境などのせいで、脳が自然な動きをするのを制限されていただけです。

3か月間という短い時間ながら、集中して自分を「快」の状態にもっていくと、その本能をちゃんと思い出して発揮することができます。

脳が自然な状態に戻るだけですから、歯を食いしばって苦しい努力をしなくても、自然な形で意識改革ができます。

お姫様ごっこは、それまでの「自分をいじめる」という悪い習慣を「自分を大切にする」というよい習慣に改めるために、楽しく続けることができる、とても効果的な方法だと思います。

禁煙や、ダイエットと同じ感覚だと思ってください。

やせようと思うならダイエットをしようと決意することが大切ですが、どんなに効果的な方法でも、続けられないようだったら、本気で決意できていなかったか、やり方が苦しすぎたり難しすぎたりして、自分には合っていなかったということですよね。

自分を本気で好きになりたい、自分を好きになると幸せになるのだということを十分に理解できているのなら、そして、この本を、読んでいただいて、自分を好きになるためにはお姫様ごっこという方法が簡単そうで、自分に合ってそうだわ、と思ったなら、とりあえず「やってみよう」と決心しましょう。

3か月間、毎日たった5分でいいのです。

朝、夜、両方できないときはどちらかでもやってみようと決心してください。

禁煙やダイエットと同じで、意識改革をすることも、一生、自分をより善き状態にキープするためには必要な努力です。

努力といっても、苦しい努力は必要ありません。ただ、自分をお姫様のように扱う習慣をつくるために、3か月間集中して、お姫様ごっこをやってみましょう。

もし、3か月で劇的な効果が出なかったとしても、半年ほど続ければ必ず、「自分を好きになるためのテクニック」＝「お姫様ごっこ」は身につきます。

それがわかれば、どんなに自分に嫌気がさすような出来事があっても、ちょっとコントロールすれば自分を好きな気持ちが戻ってきます。大好きで大切な自分には制限なく幸せなことを与えてあげたいと思えるようになるでしょう。そのころには「波長の法則」で、あなたを幸せにしたいと思ってくれる人ばかりがそばにいるでしょう。

そうすれば、神様も応援しやすくなりますから、あとは、どんどん幸せになっていくだけです。

頑張って、やってみてくださいね。

文庫版あとがき

単行本版の『1日5分のお姫様ごっこ』が出版されてから13年の月日が流れました。今回文庫版を出していただくにあたり、こんなにも長くこの本を大切にしてくださったサンマーク出版様、そして読者様に心からの感謝の気持ちをお伝えしたいと思います。

読者様の中には初版から版を重ねるごとに本を買い直して下さった方もいらっしゃって、この本を通して本当に多くの皆様の温かい応援をいただいてまいりました。

13年の間に私の環境も大きく変わりました。

出版当時は駆け出しのスピリチュアルカウンセラーだった私が、今現在、電話占い会社の運営、開運グッズや化粧品などを扱うECサイト運営で年商3億の会社経営者となり、毎日楽しく仕事をさせていただいております。

また、本書に登場した王子様とはその後いろいろあってお別れしましたが、それ以降、私自身が望む愛の形を手に入れることができています。

それもこれも、著者である私がこのメソッドを毎日欠かさず実践しているからに他なりません。

1日5分のお姫様ごっこは、読者の皆さまがいくつになってもず～っと実践していただくことで現実をどんどんバージョンアップさせることができる、素晴らしいメソッドだと自画自賛しています。

これからも沢山の女性たちが幸せなお姫様のような人生を手にできるよう、この小さな一冊を通してお役に立つことができれば嬉しいです。

本書は二〇一一年一月に小社より刊行された単行本の表記や
表現などを一部改訂したものです。
本文中の肩書き・データなどは刊行当時のものです。

サンマーク文庫

1日5分のお姫様ごっこ

2024年10月 5 日　初版印刷
2024年10月15日　初版発行

著者　幸川玲巳
発行人　黒川精一
発行所　株式会社サンマーク出版
東京都新宿区北新宿 2-21-1
電話 03-5348-7800

フォーマットデザイン　重原 隆
本文DTP　山中 央
印刷・製本　株式会社暁印刷

落丁･乱丁本はお取り替えいたします。
定価はカバーに表示してあります。

ISBN978-4-7631-6150-5　C0130

ホームページ　https://www.sunmark.co.jp

夢がかなうとき、「なに」が起こっているのか？
石田久二
ニートから年収4000万円になった大人気YouTuber・Qさんの原点&ベストセラー、待望の文庫化！
800円

運がいいとき、「なに」が起こっているのか？
石田久二
ベストセラー第二弾！　大人気YouTuber・Qさんによる、運の流れに乗り願いをかなえるメカニズム。
800円

願いがかなうシンクロニシティ
堀内恭隆
「不思議な偶然」があなたの人生を面白くする！ 1万4000人以上が学んだ驚きのメソッド。本田健さん推薦！
900円

「第六感」を磨くと、人生が勝手によくなり出す！
普天間直弘
「第六感」を上手に毎日に取り入れると、迷いや悩みが消える。読むだけで「第六感」が最高に整う一冊。
900円

運に愛される人
中島　薫
運に愛されれば、すべてががらりと変わります。運といい関係を保ち、見えない力に守られるための37の約束。
600円

※価格はいずれも本体価格です。